Hartmann/Rieger/Funk · Zielgerichtet moderieren

Konzept und Beratung der Reihe Beltz Weiterbildung

Prof. Dr. *Karlheinz A. Geißler*, Schlechinger Weg 13, D-81669 München.
Prof. Dr. *Bernd Weidenmann*, Weidmoosweg 5, D-83626 Valley.

Martin Hartmann / Michael Rieger / Rüdiger Funk

Zielgerichtet moderieren

Ein Handbuch für Führungskräfte, Berater und Trainer

5. Auflage

Beltz Verlag · Weinheim und Basel

Das Werk und seine Teile sind urheberrechtlich geschützt.
Jede Nutzung in anderen als den gesetzlich zugelassenen Fällen
bedarf der vorherigen schriftlichen Einwilligung des Verlages.
Hinweis zu § 52a UrhG: Weder das Werk noch seine Teile dürfen
ohne eine solche Einwilligung eingescannt und in ein Netzwerk
eingestellt werden. Dies gilt auch für Intranets von Schulen
und sonstigen Bildungseinrichtungen.

2., aktualisierte Auflage 1999
3., unveränderte Auflage 2001
4., neu ausgestattete und aktualisierte Auflage 2003
5., überarbeitete und erweiterte Auflage 2007

Lektorat: Ingeborg Sachsenmeier

© 1997 Beltz Verlag · Weinheim und Basel
www.beltz.de
Herstellung: Klaus Kaltenberg
Satz: Druckhaus »Thomas Müntzer«, Bad Langensalza
Druck: Druck Partner Rübelmann, Hemsbach
Umschlaggestaltung: glas ag, Seeheim-Jugenheim
Umschlagabbildung: PantherMedia GmbH, München
Fotos: Martin Hartmann, Köln
Zeichnungen: Ulrike Rath, Aachen
Printed in Germany

ISBN 978-3-407-36447-0

Inhaltsverzeichnis

Eingänge: Grundlagen und Hintergründe

Kapitel 1
So könnte es mit dem Moderieren anfangen 8

Kapitel 2
Eine erste praktische Übung für das Moderieren 12

Kapitel 3
Was bedeutet Moderation? 15

Kapitel 4
Die Stärken der Methode: Vier Erfahrungen 18

Kapitel 5
Moderation und Leitung einer Arbeitsgruppe: Die wichtigsten
Unterschiede 21

Kapitel 6
Der Moderator: Was zeichnet ihn aus? 25

**Passagen:
Vorbereitung, Ablauf und jede Menge Handwerkszeug**

Kapitel 7
Die Vorbereitung einer Moderation 44

Kapitel 8
Der Ablauf einer moderierten Arbeitssitzung 57

Kapitel 9
Verfahren der Moderation: Arbeitshilfen für die Praxis 82

Kapitel 10
Notwendig und hilfreich: Visualisierungen während der
Moderation 109

Übergänge:
Wann ist Moderation sinnvoll?

Kapitel 11
Einsatz der Moderation in kleinen und großen Gruppen/
Open Space 116

Kapitel 12
Partnerin des Moderators: Die Gruppe 124

Kapitel 13
Lehr- und Wanderjahre: Wie werde ich Moderator? 129

Exkurs:
Vom Pünktchenkleben zum Beratungs-Tool.
Auf dem Weg zur modernen Moderation.. 133

Auf einen Blick:
Checklisten für die Praxis

Vorbereitung einer moderierten Arbeitssitzung 145

Ablauf einer moderierten Arbeitssitzung 149

Die gebräuchlichsten Verfahren für moderierte Arbeitssitzungen 153

Ausgänge:
Literatur und Verabschiedung

Anregungen zum Weiterlesen 156

Verabschiedung von diesem Buch: Eine praktische Übung 159

Über das Zustandekommen des Buches 161

Die Autoren 163

Eingänge:
Grundlagen und Hintergründe

Kapitel 1 So könnte es mit dem Moderieren anfangen
Kapitel 2 Eine erste praktische Übung für das Moderieren
Kapitel 3 Was bedeutet Moderation?
Kapitel 4 Die Stärken der Methode: Vier Erfahrungen
Kapitel 5 Moderation und Leitung einer Arbeitsgruppe: Die wichtigsten Unterschiede
Kapitel 6 Der Moderator: Was zeichnet ihn aus?

Kapitel 1
So könnte es mit dem Moderieren anfangen

In einem mittelständischen Unternehmen mit rund 300 Mitarbeitern »knirscht« es hin und wieder in der Zusammenarbeit zwischen den verschiedenen Ebenen. Die Meister klagen schon einmal, dass sie nicht ausreichend informiert würden: »Wir erfahren selten etwas von den Ingenieuren und Abteilungsleitern.« Eine ähnliche Aussage kommt auch von den Ingenieuren: »Alle Informationen darüber, was in der Produktion los ist, muss man sich selbst besorgen; von sich aus sagen die Meister einem kaum etwas. Und wenn die wöchentlichen Besprechungen wirklich einmal stattfinden, dann kommt eh nichts Konkretes rüber.«

Als Vorgesetzter beider Gruppen wollen Sie frühzeitig größeren Spannungen entgegenwirken. Daher bitten Sie zu einer Besprechung, um das Problem einmal in aller Ruhe anzugehen. Zwei Stunden haben Sie für das Treffen mit den sieben Teilnehmerinnen und Teilnehmern reserviert – verhältnismäßig viel Zeit, wie Sie meinen. Doch diese zwei Stunden vergehen wie im Flug, allerdings ohne befriedigendes Ergebnis. Was bleibt, ist ein ungutes Gefühl. Wie häufig im Anschluss an derartige Sitzungen fällt Ihnen nur der bekannte Kalauer ein: »Eine Besprechung ist, wenn viele hineingehen und nichts dabei herauskommt.«

Jetzt sitzen Sie mit einer Kollegin im Büro und denken laut nach:

»Das war wohl nicht so gut: Unser firmenbekannter Dauerredner, Herr A, konnte nur mit Mühe und Not gestoppt werden und manchmal auch nur durch Wortentzug. Frau B hat wieder einmal kein Wort gesagt, obwohl sie doch im persönlichen Gespräch wirklich gute Gedanken äußert. Und wenn Frau B nichts sagt, dann reden die Herren C und D auch nicht. Das alte Spiel also. Apropos Spiel, Herr E musste seine Spitzen gegen Ingenieure allgemein und gegen die unseren im Besonderen gleich mehrmals loswerden, und der gute alte Herr F hat auch noch darauf reagiert und dafür gesorgt, dass die Gruppe vom Hölzchen aufs Stöckchen kam. Und am Thema war ja wohl nur ich interessiert – obwohl, so ganz sicher bin ich mir da auch nicht, wenn ich ehrlich sein soll.«

»Inwiefern?«

»Na ja, ich habe eigentlich nur diejenigen Vielredner gebremst, die anderer Meinung waren als ich, und unserem Dauerredner bin ich sogar ein paar Mal richtig über den Mund gefahren. Er hat mich aber auch wieder einmal fürchterlich geärgert. Immer dieselbe Leier! Dabei habe ich die Zeit aus den Augen verloren, und die Diskussion ist dann relativ ziellos verlaufen. Ist alles auch gar nicht so leicht – die Leute, mein Ärger über manche Beiträge, der Zeitdruck, und dann muss ich auch noch dafür sorgen, dass alle anständig mitdiskutieren und wir in der Sache weiterkommen. Wir sollten überlegen, wie wir in Zukunft so ein Treffen besser organisieren.«

»Ich denke, das ist nicht nur eine Frage der Organisation. Ich stelle mir eher eine Besprechung vor, bei der nicht Sie, sondern ein unbeteiligter Dritter den Diskussionsprozess steuert, gezielt auf den Ablauf achtet und darauf, dass alle ausreichend zu Wort kommen. Alle anderen, unter Umständen auch Sie selbst, beteiligen sich von Gleich zu Gleich mit inhaltlichen Beiträgen und persönlichen Stellungnahmen.«

»Und wie soll das im Einzelnen aussehen?«

»Na ja, so jemand sollte sich mit inhaltlichen Äußerungen zurückhalten. Er sollte aber verantwortlich dafür sein, dass wir zielgerichtet an der Sache arbeiten. Er müsste mit uns klären, was wir in so einer Sitzung erreichen wollen und können. Und dann müsste er dafür sorgen, dass wir alle als Gruppe während der Sitzung auch auf dieses Ziel hinarbeiten.«

»Und was wird durch so eine Art inhaltsneutraler Sitzungsleiter dann besser?«

»So jemand könnte uns dabei helfen, die Art unserer Zusammenarbeit selbst zu regeln. Er würde auch dafür sorgen, dass wirklich alle zu Wort kommen. Und wenn wir unsachlich werden, dann muss so jemand uns quasi den Spiegel vor Augen halten und uns zur Sacharbeit zurückhelfen. Alle würden so die Chance bekommen, sich zu beteiligen und ihre spezifischen Ansichten, Ideen oder Vorschläge einzubringen. Die Qualität unserer Arbeit würde steigen.«

»Das klingt nach einer besonderen Art von Besprechungsleitung.«

»Eine wirklich besondere Art der Besprechungsdurchführung. Sie unterscheidet sich von einer klassischen Besprechungsleitung dadurch, dass sie mehr Verantwortung auf die Beteiligten selbst überträgt. Es geht also mehr um Moderieren als um Leiten.«

»Und so ein Moderator, so eine Moderationsmethode soll dann in Zukunft unsere klassische Besprechungsleitung ersetzen?«

»Nicht unbedingt. Besprechungsleitungen wird es auch in Zukunft geben. Beispielsweise wenn in kurzer Zeit über getroffene Entscheidungen berichtet werden soll und die Teilnehmer ihre Terminkalender daraufhin abstimmen müssen. Aber für andere Situationen wie die von heute Morgen eignet sich ein anderes Vorgehen besser. Denn für heute hatten Sie nichts vorgeschrieben. Es ging ja darum, dass alle Anwesenden gemeinsam nach Ideen für eine veränderte Zusammenarbeit zwischen Meistern und Ingenieuren suchen sollten.«

»Was Sie sagen, verlangt eine ganze Menge Umdenken. Wenn ich mir die Situation von heute Morgen noch einmal vor Augen halte: So ein Moderator müsste sich auf unserer Sitzung **erstens** inhaltlich aus allem heraushalten; **zweitens** gemeinsam mit uns für Zielklarheit sorgen; **drittens** auf dem Weg zur Zielerreichung helfen, dabei auf alle Abweichungen aufmerksam machen; und **viertens** Streitigkeiten, die unseren Arbeitsprozess in der Sache behindern, bewusst machen und uns helfen, zur sachlichen Problemlösung zurückzukehren. Damit es aber möglichst gar nicht zu Konflikten kommt, müsste er **fünftens** geeignete Regeln für den Umgang aller Teilnehmer untereinander anbieten oder erarbeiten lassen und deren Einhaltung überwachen. Gleichzeitig soll unser Treffen aber auch inhaltlich fruchtbar und möglichst für jeden befriedigend sein, also müsste er **sechstens** dafür sorgen, dass sich wirklich alle beteiligen, und zwar gleichberechtigt. Und wenn schon alle mitmachen, dann darf auch nichts von den Inhalten verloren gehen, also muss er **siebtens** möglichst viel aufschreiben oder visualisieren. Und dann, das wäre **achtens**, wünsche ich mir persönlich auch noch konkrete Gruppenarbeitstechniken oder Verfahren für eine abwechslungsreiche und spannende Arbeit. Ach ja, und **neuntens**, so jemanden gibt es nicht – zumindest nicht in unserer Firma.«

»Das sehe ich ebenso. Einen so ausgebildeten und erfahrenen Moderator oder eine Moderatorin gibt es in unserer Firma noch nicht. Wir bräuchten also jemanden von außen, der eine solche Moderation bei der nächsten Besprechung mit uns einfach einmal probiert, uns diese Methode damit vorstellt, vielleicht sogar schmackhaft macht. Und wenn unsere Arbeitstreffen dadurch auch nur ein bisschen effektiver werden und für alle zufriedenstellender verlaufen, sollten wir zwei oder drei von unseren Kollegen zu Moderatoren ausbilden. Kostet uns zwar etwas, könnte sich aber langfristig lohnen. Wir haben doch auch schon Kollegen für das Thema ›Besprechungsleitung‹ schulen lassen. Nun könnte die Moderation in Zukunft eine sinnvolle Ergänzung darstellen.«

»Hm, vielen Dank für Ihre Anregungen, ich will mich darum kümmern.«

Kapitel 2
Eine erste praktische Übung für das Moderieren

Wir möchten den Beginn Ihrer Lektüre dazu nutzen, Ihnen, liebe Leserin oder lieber Leser, ein einfaches, aber wirkungsvolles Moderationsverfahren vorzustellen. Es handelt sich um die *Ein-Punkt-Abfrage*. Sie soll Ihnen helfen, sich über Ihre Motivation beim Lesen dieses Buches klar zu werden. Gleichzeitig lernen Sie ein Verfahren kennen, das besonders zu Beginn von Arbeitsgruppen geeignet ist, Stimmungsbilder in der Gruppe transparent zu machen.

Für die Ein-Punkt-Abfrage haben wir uns zwei Fragen überlegt:
- »Wie groß ist mein Wissen über Moderation?«
- »Wie groß ist in diesem Augenblick meine Lust, das vorliegende Buch durchzuarbeiten?«

Machen Sie bitte mit Bleistift ein Kreuz an die Stelle auf der Pinnwand, an der Sie sich im Augenblick »positionieren« würden. (Lassen Sie sich dabei aber von den Beispielen der Autoren – A, B, C oder D – nicht beeinflussen!)

Sie wissen jetzt, wo Sie zu Beginn der Lektüre stehen. Sie könnten sich überlegen, was Sie schon wissen und was Sie noch lernen wollen. Sie könnten konkrete Fragen oder auch Erwartungen an dieses Buch formulieren. Sollten Sie beispielsweise bei Leselust »gering« angekreuzt haben, könnten Sie überlegen, was Sie jetzt tun müssen, um mit mehr Laune die kommenden Seiten anzugehen.

Als Autoren dieses Buches haben wir je nach Position Ihres Kreuzes folgende Empfehlungen für Sie überlegt:

A Ihr Kreuz bei »A« könnte bedeuten, dass Sie wenig über Moderation wissen, aber große Lust haben, dieses Buch durchzuarbeiten. Also: Lesen Sie einfach los, auf einen Zug. Viel Spaß dabei.
B Ihr Kreuz bei »B«: Sie wissen wenig über Moderation, haben zudem wenig Lust, im Augenblick darüber etwas zu lesen. Muten Sie sich dieses Buch wirklich nur zu, wenn Sie unbedingt müssen. Andererseits: Der Appetit kommt manchmal mit dem Lesen. Und wenn nicht? Dann verschenken Sie einfach das Buch an jemanden, die oder den das Thema interessieren könnte. Vergessen Sie aber nicht, vorher Ihr Kreuz auf der Pinnwand auszuradieren.
C Ihr Kreuz bei »C« könnte bedeuten: Sie wissen schon viel über Moderation, Ihre Lektürelust ist eher »gedämpft«. Beschränken Sie sich daher eher auf diejenigen Stellen, für die das Inhaltsverzeichnis Ihnen Neues verspricht. Vielleicht starten Sie mit den Anmerkungen zur »Modernen Moderation« (siehe S. 133ff.), wo wir auf wenigen Seiten darstellen, wie sich die Moderationspraxis in den letzten Jahren verändert hat.
D Ihr Kreuz bei »D«: Betrachten Sie das Buch als einen Spiegel für die eigenen Erfahrungen. Bei viel Vorwissen und hoher Lernmotivation bringen schon die kleinen Perspektivwechsel auf den folgenden Seiten Überraschungen, die Spaß machen.

In einer moderierten Arbeitssitzung würde eine ähnliche Auswertung durch die gesamte Gruppe vorgenommen: Sie hätte somit ein Bild über die eigene Ausgangssituation zu Beginn einer Sitzung erstellt. Anschließend würde der Moderator gemeinsam mit der Gruppe überlegen, welche Konsequenzen sich aus der Punkteverteilung für den nun folgenden Arbeitsprozess ergeben. Möchte die Gruppe gleich »loslegen« oder gibt es vorher noch etwas zu besprechen und zu regeln. Das könnten beispielsweise Störungen sein, die einen schnellen Einstieg behindern und besser vorher geklärt werden sollten: beispielsweise äußere Bedingungen wie Raumtemperatur, Pausenzeiten; oder mehr sachliche wie die Zielvorgabe der Sitzung, die den Teilnehmern zu anspruchsvoll oder zu restriktiv vorkommen kann; oder mehr »innere« Umstände wie persönlicher Ärger, Missmut oder Unlust.

Arbeitsfragen, die der Moderator zu Beginn der Auswertung stellen wird, sind: »Mit welchen Worten lässt sich das durch Ihre Punkte entstandene Gesamtbild beschreiben?« Und daran anschließend: »Was folgt für Sie daraus für die weitere Arbeit heute?«

Wir werden bei der »Verabschiedung« des Buches (siehe S. 159f.) noch einmal auf die hier durchgeführte Ein-Punkt-Übung eingehen.

Ein Wegweiser durch das Buch

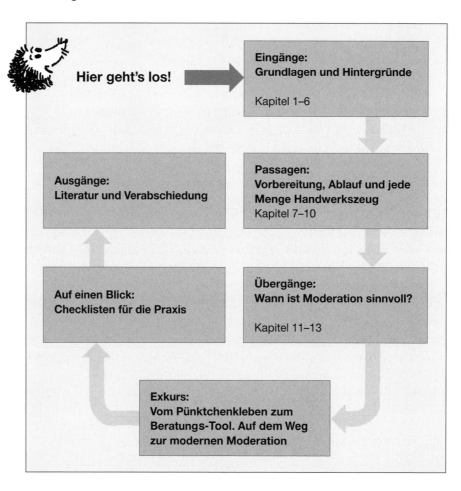

Kapitel 3
Was bedeutet Moderation?

Den meisten Menschen ist der Begriff »Moderation« vermutlich aus Funk und Fernsehen bekannt. Moderatorinnen oder Moderatoren führen durch das Programm, durch eine Sendung. Sie sollen im rechten Maß durch das Geschehen lenken. Sie koordinieren alle Teilnehmer einer Sendung, verbinden verschiedene Teile und Phasen, leiten über, überwinden Pausen, erteilen das Wort, unterbrechen Vielredner, animieren oder provozieren schon einmal Schweiger, kurz: Sie behalten die Zügel der Sendung und die knappe Zeit mehr oder minder unauffällig in der Hand. Sie sind also für das Geschehen maßgebend.

Im betrieblichen Alltag spricht man von Moderation in Verbindung mit dem Leiten von Arbeitsgruppen. Häufig wird heute der Begriff dabei unspezifisch als Synonym für jede Art der Lenkung oder Leitung verwendet.

Die »Erfinder« der Moderationsmethode in den 60er- und 70er-Jahren in Deutschland – beispielsweise Eberhard Schnelle, Karin Klebert oder Einhard Schrader (siehe das Buch von Freimuth/Straub im kommentierten Literaturverzeichnis, S. 158) – hatten dagegen eine an den Strömungen der damaligen Zeit orientierte, vor allem gesellschaftspolitische Intention. Es ging ihnen darum, Gruppenmitglieder zu befähigen und zu ermutigen, ihren eigenen Willen zu artikulieren und ihr eigenes Wissen, ihre eigenen Interessen in Entscheidungsprozesse einzubringen. Die Erfahrung dieser Moderatoren der ersten Tage: Gruppen, die geschoben und gezogen, im schlimmsten Fall sogar durch einen Leiter manipuliert werden, entwickeln vielfältige Widerstände sowohl beim Bearbeiten inhaltlicher Fragestellungen als auch bei der Umsetzung von Maßnahmen in der betrieblichen Praxis.

Die Lösung aus der Sicht dieser Moderationsbegründer lautete: Der Leiter gibt seine Macht- und Allwissenheitsrolle auf und bietet sich als methoden- und verfahrenskompetenter Begleiter für den Arbeitsprozess an, dessen Ziele und Inhalte die Gruppe grundsätzlich selbst verantwortet.

Kluge Bücher beginnen wohl immer mit einem historischen Rückblick...

Das in diesem Buch vertretene Verständnis von Moderation basiert auf den von Schnelle und anderen entwickelten Grundgedanken.

> Bei der Moderation handelt es sich um eine Methode, mit der Arbeitsgruppen unterstützt werden können, ein Thema, ein Problem oder eine Aufgabe
>
> - auf die Inhalte konzentriert, zielgerichtet und effizient,
> - eigenverantwortlich,
> - im Umgang miteinander zufriedenstellend und möglichst störungsfrei sowie
> - an der Umsetzung in die alltägliche Praxis orientiert
>
> zu bearbeiten.

Eine erfolgreiche Moderation ruht also auf zwei Pfeilern: zum einen auf einer Gruppe, die als »Souverän« des gesamten Arbeitsprozesses inhaltlich verantwortlich an einem Thema arbeiten will; zum anderen auf einem Moderator, der die Gruppe darin unterstützt. Dieses Verständnis von Moderation ist mit einer bestimmten *Haltung* und einem bestimmten *Auftreten des Moderators* verknüpft – eine Haltung, die etwas von dem rechten Maß und der Selbstkontrolle hat, die in der ursprünglichen lateinischen Bedeutung von »moderatio« liegt. Wichtigste Bestandteile dabei sind:

- die inhaltliche Unparteilichkeit und
- die personenbezogene Neutralität sowie
- die Verantwortungsübernahme für die methodische Unterstützung des Arbeitsprozesses der Gruppe.

»Klingt ja sehr anspruchsvoll. Wo kann denn ein solches Vorgehen in der betrieblichen Praxis zur Anwendung kommen?«

»In den letzten Jahren hat sich die Moderationsmethode wirklich zu einem weitverbreiteten Vorgehen entwickelt. Immer häufiger werden einzelne Arbeitstreffen von ausgebildeten Mitarbeitern oder von externen Moderatoren moderiert. Solche Sitzungen können beispielsweise sein:
- *wöchentliche Routinebesprechungen auf allen Führungsebenen im Unternehmen;*
- *Gruppenarbeitssitzungen in der Produktion;*
- *Arbeitstreffen, in denen Mitarbeiter aus unterschiedlichen Abteilungen neue Ideen diskutieren, Probleme lösen, Pro-*

dukte weiterentwickeln oder sich Gedanken über Kosteneinsparungen machen;
- *Krisensitzungen, wie in unserem Beispiel mit Meistern und Ingenieuren;*
- *Arbeitsgruppen im Rahmen einer prozessorientierten Unternehmensberatung;*
- *›action teams‹ in Reengineering-Projekten;*
- *›implementation teams‹ bei der Einführung neuer Qualitätsstandards oder*
- *›KVP-Gruppen‹ (Kontinuierliche Verbesserungs-Prozesse) zur Verbesserung beispielsweise der Kundenorientierung, der Prozessbeschleunigung oder der Reklamationsbearbeitung.*

Überall, wo es in Organisationen und Unternehmen um Veränderungen geht, um »Change-Projekte«, um die Neuausrichtung von Abteilungen, um das Zusammengehen zweier Unternehmen oder die schnelle Anpassung an neue Herausforderungen am Markt, um nur einige Beispiele zu nennen – überall dort hat sich die Moderationsmethode in den letzten Jahren zu einem unverzichtbaren Hilfsmittel für Berater und Führungskräfte entwickelt. Sie finden in dem Exkurs »Vom Pünktchenkleben zum Beratungs-Tool« auf Seite 133ff. einige Anmerkungen zur Entwicklung der Moderationspraxis, wie sie in den letzten Jahren vor allem in Verbindung mit derartigen Veränderungsprozessen stattgefunden hat.«

Kapitel 4
Die Stärken der Methode:
Vier Erfahrungen

❶ Die Kompetenz, das Wissen und die Kreativität möglichst aller Teilnehmer der Arbeitssitzung werden genutzt. Allen Gruppenmitgliedern wird die aktive Teilnahme ermöglicht. Die Synergie erhöht die Qualität des Ergebnisses.

Dazu werden Arbeitsverfahren eingesetzt, die alle Teilnehmer mit ihren subjektiven Voraussetzungen gleichermaßen aktivieren und einen lebendigen Arbeitsprozess ermöglichen, beispielsweise durch das Karten-Antwort-Verfahren oder durch Kreativitätstechniken wie das Brainstorming. Die Gleichbehandlung aller Gruppenmitglieder durch den Moderator ist dabei eine wichtige Voraussetzung.

❷ Der moderierte Arbeitsprozess lässt ein hierarchiefreies Klima entstehen. Die Teilnehmer arbeiten gerne mit; die Wahrscheinlichkeit, dass sie mit dem Verlauf und vor allem mit dem Ergebnis zufrieden sind, steigt.

Die Rolle des Moderators und die Regeln der Moderationsverfahren sind darauf ausgerichtet, in der Gruppe niemanden zu bevorzugen oder zu benachteiligen. Alle erhalten grundsätzlich die gleichen Möglichkeiten zur Teilnahme am Arbeitsprozess.

»Das heißt dann, dass ich als Vorgesetzter und Besprechungsteilnehmer vom Moderator und von der Gruppe als Gleicher unter Gleichen behandelt werde. Dem kann ich persönlich gut zustimmen. Was ist aber mit Vorgaben der Geschäftsleitung, Zielen des Unternehmens, objektiven Rahmenbedingungen und auch den Gewohnheiten der Angehörigen der Hierarchie, die in solch einer Sitzung unbedingt ihre Vorgaben, Auffassungen und auch Interessen durchsetzen wollen oder müssen und auf ihrer Vorgesetztenrolle bestehen? Die fallen doch aus allen Wolken, wenn sie in einer Arbeitssitzung plötzlich nicht mehr hofiert und bevorzugt werden. Und manche reagieren dann vielleicht sehr verärgert!«

»Erfahrene Moderatoren sprechen derartige Probleme möglichst im Vorfeld der Moderation mit den beteiligten Vorgesetzten ab und erläutern ihnen die Idee der Moderation. Wenn eine Entscheidung für eine Sache schon eindeutig feststeht, dann raten sie davon ab, dazu noch eine moderierte Arbeitssitzung durchführen zu lassen. Wenn aber noch Alternativlösungen aus der Gruppe möglich oder gewünscht sind und die Vorgesetzten mit einem solchen Vorgehen einverstanden sind, dann sollten sie sich auf die gemeinsam vereinbarten Regeln einlassen und sich daran halten – als Gleiche unter Gleichen.«

»Und das klappt?«

»Meistens sehr gut sogar. Mir ist beispielsweise ein Versicherungsunternehmen bekannt, in dem nach einer Reorganisation notwendige Anpassungs- und Realisierungssitzungen moderiert wurden. An einigen dieser Sitzungen nahmen bis zu vier Führungsebenen teil, die sich intensiv und mit großer Zufriedenheit verständigen konnten. Aber das funktioniert nicht immer. Die Moderationsmethode ist leider auch kein Wunderheilmittel für eine diffuse und ungeklärte Führungskultur im Unternehmen.«

»Aber wie kommen Zielvorgaben des Unternehmens, Sachzwänge und Vorentscheidungen von meiner Seite in der Sitzung zur Geltung?«

»Die sollten Sie im Vorfeld mit dem Moderator besprechen und sie vielleicht auch den Gruppenmitgliedern mitteilen. Der Moderator oder auch Sie persönlich können dann zu Beginn der Sitzung darstellen, was offen für eine gemeinsame Gestaltung ist und was nicht. Innerhalb des von Ihnen vorgegebenen Rahmens können die Themen moderiert werden. Auch eine selbstverantwortliche Gruppe agiert natürlich nicht im luftleeren Raum.«

❸ **Störungen und Konfliktsituationen während der Arbeitsprozesse werden bearbeitet und versachlicht, um die volle inhaltliche Leistungsfähigkeit der Gruppe zu erhalten oder wiederherzustellen.**

Der Moderator wird der Gruppe Störungen und Konflikte, die das zielgerichtete Arbeiten am Thema beeinträchtigen, mitteilen und zur Behandlung anbieten. Er versucht so, wieder zur sachlichen Arbeit zu ermutigen. Er stellt sicher, dass die inhaltliche Aufgabe im Vordergrund steht und deren Bearbeitung möglichst nicht durch unterschwellige Konflikte beeinträchtigt wird.

❹ **Die erarbeiteten Ergebnisse einer moderierten Sitzung finden bei den Teilnehmern hohe Akzeptanz. Dadurch steigt ihre Realisierungs- und Umsetzungschance nach Beendigung des Arbeitsprozesses.**

In einem moderierten Arbeitsprozess sind alle Teilnehmer aktiv beteiligt und gemeinsam für das inhaltliche Ergebnis verantwortlich. Ein solches Gesamtergebnis wird im Idealfall von allen Gruppenmitgliedern gleichermaßen getragen. Der Moderator unterstützt deshalb ein konsensorientiertes Vorgehen schon während des Arbeitsprozesses.

»Das ist dann wahrscheinlich auch der Grund, warum immer mehr Beratungsunternehmen, die an wirklichen Veränderungen beim Kunden interessiert sind, mit moderierten Gruppen arbeiten. Wenn ich mir die ganzen Vorteile noch einmal durch den Kopf gehen lasse, liegt das wichtigste Merkmal einer moderierten Arbeitssitzung, egal ob Besprechung oder Projektsitzung darin, dass die gesamte Gruppe gleichberechtigt, zielgerichtet und konsensorientiert an einem Sachthema oder Problem arbeitet. Und die Gruppe trägt für das Ergebnis die inhaltliche Verantwortung. Der Moderator begleitet und fördert diesen Arbeitsprozess methodisch.«

Kapitel 5
Moderation und Leitung einer Arbeitsgruppe: Die wichtigsten Unterschiede

»Das klingt bisher alles recht gut. Moderation versucht also etwas anders vorzugehen als die klassische Bersprechungsleitung, wie ich sie in meiner Praxis bisher kennengelernt habe. Wo liegen denn nun die zentralen Unterschiede? Ist es nicht damit getan, dass der Moderator inhaltlich zurückhaltender auftritt als der Leiter?«

»Ganz und gar nicht! Das ist nur ein Merkmal, das sich in den Debatten um die Moderation jedoch sehr in den Vordergrund gedrängt hat. Wir werden noch öfter auf diesen Punkt eingehen. Jetzt erst einmal ein Überblick: In der folgenden Darstellung finden Sie idealtypisch die wichtigsten Unterschiede zwischen dem Leiten und dem Moderieren am Beispiel einer Besprechung gegenübergestellt. Diese Gegenüberstellung ist bewusst extrem ausformuliert, um die Besonderheiten, die in beiden Möglichkeiten liegen, herauszustellen.

Arbeitsgruppen leiten	Arbeitsgruppen moderieren
Als Leiter einer Besprechung bin ich immer auch **inhaltlich beteiligt**, beispielsweise nehme ich Stellung, bewerte die Aussagen anderer und verstärke bestimmte Beiträge.	Als Moderator einer Arbeitssitzung bin ich **inhaltlich unparteiisch** und trage dazu bei, dass alle Aussagen gleichrangig Beachtung finden.
Als Leiter werde ich bei der Vorbereitung und Durchführung der Besprechung **weniger Konzentration auf die Auswahl bestimmter Methoden und Verfahrensweisen** verwenden; mein Hauptaugenmerk liegt auf dem Inhalt.	Als Moderator liegt der Schwerpunkt meiner **Konzentration auf der Auswahl und Anwendung von Methoden und Verfahren**. Ein Teil der Konzentration liegt auf dem Inhalt, für den aber die Gruppe die ausschlaggebende Verantwortung trägt.
Als Leiter ist häufig **meine Willensdurchsetzung** gefragt. Ich vertrete Vorgaben und Ziele des Unternehmens, objektive Rahmenbedingungen oder Sachzwänge, und ich lasse meine Prioritäten auch deutlich erkennen.	Als Moderator bin ich ausschließlich für den **Willensbildungsprozess der Gruppe** verantwortlich, unter Beachtung des Prinzips der Gleichwertigkeit aller Teilnehmer und Beiträge. Meine inhaltlichen Prioritäten gebe ich – selbst auf Nachfrage – nicht zu erkennen.
Als Leiter **gebe** ich gewöhnlich die **konkreten Arbeitsziele vor**.	Als Moderator **fördere** ich **die Gruppe** dabei, wie sie die **Ziele erarbeitet**. Werden Ziele vorgegeben, soll die Gruppe Einverständnis über die Ziele herstellen.
Als Leiter werde ich **Störungen**, beispielsweise Rivalitäten oder persönliche Angriffe **vermeiden, ignorieren, tadeln** oder die Parteien **zur Sachlichkeit ermahnen**.	Als Moderator werde ich personenbezogen neutral der Gruppe meine Wahrnehmungen über die Gruppenarbeit störende Entwicklungen mitteilen, also **spiegeln**. Ich frage die Gruppe, wie sie mit dem Geschilderten umgehen will. Ich kann **methodische Hilfen** für die Weiterarbeit anbieten.
Als Leiter arbeite ich mit den **ungeschriebenen Regeln der Leitungskunst** (beispielsweise: »Kein Beitrag länger als 30 Sekunden!«).	Als Moderator unterstütze ich die Teilnehmer dabei, Regeln für den Umgang miteinander zu formulieren. Ich kann der Gruppe auch Vorschläge für solche Regeln machen.
Als Leiter **delegiere** ich in der Regel die **Protokollierung** der Sitzung oder erledige die Aufgabe nebenbei und mache mir Notizen, damit im Nachhinein ein Protokoll erstellt werden kann.	Als Moderator ist es für mich eine wichtige Aufgabe, Vereinbarungen, Arbeitsschritte und Ergebnisse **offen** (für alle sichtbar) und **simultan** (möglichst zeitgleich zum Arbeitsprozess) darzustellen, zu **visualisieren**.
Als Leiter bin ich meist auch der **hierarchisch Höhergestellte**; meine Aussagen besitzen damit von vornherein ein besonderes Gewicht.	Als Moderator besitze ich besondere **methodische Verantwortung** für den Arbeitsprozess. Dafür habe ich besondere Kompetenzen. Ansonsten spielt weder meine noch die Position der Teilnehmer in der Unternehmenshierarchie während der Arbeitssitzung eine Rolle.

»Aber die Praxis?!«

Betrachtet man Arbeitssitzungen in der betrieblichen Praxis genau, so lässt sich die hier aufgeführte, um der Klarheit willen scharf gezeichnete Trennung zwischen Leitung und Moderation nicht immer aufrechterhalten. Manche Leiter verhalten sich inhaltlich neutral, und manche fühlen sich stark für die Methoden und Arbeitsweisen verantwortlich, setzen gelegentlich sogar einige Moderationsverfahren wie das Karten-Antwort-Verfahren ein. Auf der anderen Seite gibt es Moderatoren, die konsequent im Sinne der hier dargestellten Übersicht vorgehen, aber gelegentlich doch inhaltliche Einschübe machen, um den Arbeitsprozess in eine bestimmte, inhaltliche Richtung voranzutreiben. In diese Situation kommen beispielsweise interne und externe Berater, die eine Kundengruppe bei der Lösung eines Problems begleiten sollen, gleichzeitig aber unter dem Druck stehen, eine qualitativ hochwertige Lösung erarbeiten zu lassen (s. auch Seite 133).

All das kommt täglich vor – und spricht weder gegen die Leistungen einer »reinen« Leitung noch gegen die einer »reinen« Moderation. Mischformen können sogar sinnvoll sein. Sie können der von allen gewünschten Zielerreichung dienen oder der Intensivierung von Mitarbeit an Besprechungen. Nicht zuletzt durch die Erfolge der Moderation hat auch die klassische Besprechungsleitung viele Impulse für eine Weiterentwicklung erhalten.

Im Falle der Moderation jedoch führt das »heimliche« Aufweichen der zentralen Arbeitsprinzipien erfahrungsgemäß immer wieder dazu, dass sich die Teilnehmer nicht ernst genommen und manchmal sogar regelrecht manipuliert vorkommen. So behauptet der Moderator zwar, inhaltlich unparteiisch zu sein, verfolgt aber beispielsweise durch die Art seiner geschlossenen und vielleicht auch suggestiven Fragen – »Haben Sie auch schon einmal daran gedacht, den Prozess in Richtung ... zu verändern?« – ein bestimmtes inhaltliches Interesse, das er jedoch an keiner Stelle der Sitzung offen artikuliert. Ein schlechter Moderator merkt leider häufig selbst nicht, was er da macht – ein weniger schlechter glaubt, die Gruppe würde es nicht merken. Nun sind Menschen jedoch außerordentlich sensibel, wenn mit ihnen nicht »ehrlich« umgegangen wird. Die Reaktion: »Es hieß zwar, dass wir für die Ergebnisse verantwortlich sind, der da vorne will uns letztlich aber doch in eine Richtung lenken, sagt das aber nicht deutlich. Dann soll er doch gleich die ganze Arbeit machen!«

Resultat und Ratschläge für die Praxis

- Wir plädieren für »offene Karten«: Wenn Leitung, dann Leitung. Und wenn Moderation, dann Moderation – so exakt und konsequent, wie die Situation dies zulässt.
- Im Übrigen: Abweichungen immer wieder bewusst thematisieren und begründen. Das bedeutet: Wenn der Moderator unbedingt einmal inhaltlich Stellung nehmen will, dann sollte er der Gruppe verständlich machen, warum er dies tut, dies dann auch tun und anschließend vor aller Augen wieder zur inhaltlich unparteiischen Rolle des Moderators zurückkehren.
- In der Praxis »saubere« Erfahrungen sammeln, um dadurch die Leistungskraft der Moderation zu erleben und zu nutzen. Das bedeutet etwas pathetisch ausgedrückt: Versuchen Sie es zur Meisterschaft im Anwenden der klassischen Moderationsmethode zu bringen. Denn nur der Meister zerbricht die Form! Alle anderen laufen Gefahr, in der Gruppenarbeit inhaltliches Chaos und Unzufriedenheit zu erzeugen!
- Die Moderation als ganz normales, zusätzliches Methodenangebot anwenden, statt sie als neues Wundermittel und Zauberformel anzupreisen und einzuführen.

Kapitel 6
Der Moderator: Was zeichnet ihn aus?

Ein Moderator wird nur dann erfolgreich arbeiten, wenn er von der nicht-leitenden und nicht-bevormundenden Moderationsphilosophie überzeugt ist und dies auch in seinem Moderationsverhalten zum Ausdruck bringt. Noch so gute Kärtchenverfahren und andere Techniken können allein keine effiziente Kooperation in der Gruppe bewirken.

Daraus folgt die Frage: Was muss ein Moderator mitbringen und wie muss er sich verhalten, um erfolgreich im Sinne der hier vorgestellten Moderationsmethode arbeiten zu können?

Wir wollen den Moderator mit zwei prall gefüllten Koffern ausstatten, mit denen er über ein taugliches Arsenal an Hilfsmitteln verfügt.

Im *Werkzeugkoffer* finden sich die verschiedenen Arbeitsverfahren, die klassischen Moderationsverfahren (beispielsweise das Karten-Antwort-Verfahren) oder andere Gruppenarbeitsverfahren, die in einer Moderation verwendet werden können (beispielsweise das Brainstorming). Diese Verfahren helfen bei der Sammlung, Strukturierung, Gewichtung und weiteren Bearbeitung von Inhalten einer Gruppenarbeit.

Diese Verfahren werden in Kapitel 8 und 9 im Einzelnen behandelt

In diesen Koffer gehören auch die Visualisierungstechniken, um während des gesamten Arbeitsprozesses (Zwischen-)Ergebnisse, wichtige Arbeitsschritte oder Ideen transparent zu machen. Dies kann mit Hilfe von Flipchart, Pinnwand, Tafel oder, wo sinnvoll, mit Laptop und Beamer erfolgen.

Die Visualisierung finden Sie ausführlich in Kapitel 10

Verfahren und Techniken für die Gruppenarbeit reichen jedoch nicht aus, um eine Arbeitssitzung zielgerichtet zu moderieren. Was der Moderator benötigt,

um den Arbeits*prozess* der Gruppe methodisch zu begleiten und zu unterstützen, haben wir in den *Prozesskoffer* gepackt. Dazu gehört beispielsweise die Art, wie er mit Fragen arbeitet, wie er auf Zielverfolgung achtet, das Ziel und den Weg dorthin transparent macht.

Beide Koffer nutzen wenig, wenn der Moderator nicht auf einem stabilen Fundament steht, das wir als seine *Moderatorenhaltung* beschreiben. Sie ist gekennzeichnet durch *inhaltliche Unparteilichkeit* und *personenbezogene Neutralität*.

Das Fundament I: Inhaltliche Unparteilichkeit

Aus der inhaltlichen Debatte eines Themas hält sich der Moderator während seiner Moderation bewusst heraus. Er vermeidet bewertende Stellungnahmen für oder gegen eine Idee, einen Vorschlag, eine Behauptung oder Aussage. Seine eigene Meinung zum Thema behält er für sich. Er verhält sich also inhaltlich unparteiisch oder neutral. Es gibt für ihn kein »richtig« oder »falsch«. Der Moderator akzeptiert die jeweiligen Wahrheiten und Wirklichkeiten der Gruppenmitglieder und hilft dabei, dass die Meinungsvielfalt akzeptiert und gegenseitiges Verstehen möglich wird. Damit macht er deutlich, dass er sich nicht auf irgendeine Seite ziehen lässt. Seine Akzeptanz sucht er ausschließlich als *methodisch Verantwortlicher für den Arbeitsprozess.*

Aus der Forderung nach inhaltlicher Unparteilichkeit folgt für die Moderationspraxis beispielsweise, dass sich Vorgesetzte von anwesenden Gruppenteilnehmern als Moderatoren schwertun, da sie selbst dezidiert inhaltliche Interessen verfolgen. Natürlich bleibt es ihnen unbenommen, Gruppenprozesse zu leiten; eine Moderation mit allen Vorteilen und Chancen werden sie aber nur mit Einschränkungen gestalten können.

Dagegen zeigt die Moderationspraxis, dass sich auch Personen durchaus als Moderatoren eignen, die keine ausgewiesenen Fachleute in dem zu bearbeitenden Thema sind, die also nur über wenig inhaltliches Wissen über das Thema der Gruppe verfügen. Ihnen fällt es häufig leichter, inhaltlich unparteiisch und neutral zu bleiben. Sie können sich mit ganzer Aufmerksamkeit auf den Arbeitsprozess konzentrieren.

»*Das scheint mir nun doch etwas zu praxisfremd. Wenn ich eine Sitzung einberufe, dann habe ich auch ein Ziel. Um dieses Ziel zu erreichen, muss ich als Leiter der Gruppe auch Vorgaben machen, sonst ufert die Diskussion doch völlig aus. Das haben wir ja heute Morgen gesehen.*«

»Natürlich können Sie als Leiter einer Besprechung inhaltlich Stellung beziehen. Das geschieht auch immer wieder, wenn Gruppen durch einen Leiter zu einer Sitzung einberufen werden. Sie haben dann vielfältige Möglichkeiten zur Steuerung und Beeinflussung. Sie können Aussagen von Teilnehmern bewerten, loben oder kritisieren. Sie können geäußerte Meinungen verstärken oder abschwächen, betonen oder links liegen lassen. Dies mal mehr oder weniger offen. Sie als Leiter können damit durchaus erreichen, dass alle von Ihrer Meinung überzeugt sind und Ihnen begeistert zustimmen. Es kommt dabei aber auch vor, dass einige gegen Ihre Meinung sind und daher auch Ihre Leitungsautorität in Zweifel ziehen. Manche werden sich aber nicht trauen, Ihnen zu widersprechen. Wieder andere werden insgeheim den Sinn der Sitzung überhaupt in Frage stellen, wenn doch schon alles im Voraus entschieden scheint. Als Leiter können Sie auch nicht ganz verhindern, dass Ihnen nach dem Mund geredet wird. Ein Moderator dagegen könnte eine Alternative bieten, bei der die inhaltliche Arbeit durch die mobilisierte und gebündelte Fachkompetenz aller Erfahrungsträger erfolgt, die methodische Gestaltung dieses Arbeitsprozesses aber von ihm als Methodenfachmann abgesichert wird.

Ein solches Vorgehen, und da decken sich vielleicht unsere beiden Ansichten, ist für sehr viele Menschen in der betrieblichen oder sonstigen Praxis, in der Gruppen zum Arbeiten zusammenkommen, häufig noch sehr ungewohnt und stellt eine echte Herausforderung dar. Mit anderen Worten: Die meisten Menschen haben ihr Leben lang gelernt, sich inhaltlich einzumischen, zu leiten, zu kontrollieren und zu steuern. Die Kompetenz, einen Arbeitsprozess ohne inhaltliche Einmischung zu begleiten oder gar voranzutreiben, diese Kompetenz muss von vielen erst noch gelernt werden. Mühsam zwar, aber es lohnt sich!«

Das Fundament II: Personenbezogene Neutralität

Mit personenbezogener Neutralität ist keine gefühllose Haltung oder gar Gefühlskälte des Moderators gemeint, sondern eine möglichst gleiche Wertschätzung allen Beteiligten gegenüber. Der Moderator lebt das Prinzip »Gleichberechtigung aller Gruppenmitglieder« vor. Niemand wird bevorzugt oder benachteiligt, die Meinungen, Haltungen und Einstellungen in der Gruppe sind für den Moderator grundsätzlich gleich wichtig. Es ist seine Aufgabe, auch Minderheiten Gehör zu verschaffen und damit das gesamte Meinungsspektrum in der Gruppe offenzulegen.

Diese Forderung stellt vielleicht für manche Leserinnen und Leser eine Selbstverständlichkeit dar. Sie glauben, zumindest äußerlich allen Teilnehmern einer Sitzung das gleiche Maß an Wertschätzung entgegenbringen zu können, und sie bemühen sich redlich. Aber in der Praxis ist doch häufig genug zu beobachten, dass gerade inhaltlich engagierte Leiter unbewusst manche Teilnehmer bevorzugen, andere dagegen benachteiligen. In unserem Arbeitsalltag finden die schnelle, pragmatische Lösung, der rasche Einfall oft mehr Beifall als das Bemühen um alternative Lösungen. Unsere gewohnten Denk- und Verhaltensmuster verhindern meistens die nachhaltige Suche nach dem Neuen, dem Ungewöhnlichen. Die Ausbildung betont das Urteilen in »richtig« und »falsch«. Wir bemühen uns häufig nicht genügend, andere, abweichende Aussagen auf ihre Tragfähigkeit hin zu prüfen und ihr Lösungspotenzial zu ergründen. Dem widersteht ein erfahrener Moderator. Er geht von der grundsätzlichen Gleichwertigkeit subjektiver Wirklichkeitskonstruktionen aus. So kann er die Gruppe davor bewahren, vorschnell auf geäußerte Ideen zu verzichten, die erstbeste Lösung aufzugreifen, den »Querdenker« zu blockieren oder die »Leisen« zu überhören.

Die personenbezogene Neutralität ist ein sinnvolles, subjektiv anwendbares Prüfkriterium vor der Annahme einer Moderatorenrolle. Wer nicht bereit ist, diese Haltung auch konsequent durchzuhalten, wird sich schwertun, eine unterstützende Moderation zu gestalten.

Die Betreuung des Arbeitsprozesses: »Gegenstände« aus dem Prozesskoffer

Die beiden Bedingungen einer erfolgreichen Moderation – inhaltliche Unparteilichkeit und personenbezogene Neutralität – erweitern die Reaktions- und Handlungsmöglichkeiten des Moderators im Vergleich zu einem inhaltlich engagierten und weitgehend festgelegten Besprechungsleiter. Durch die Unparteilichkeit und Neutralität erhält der Moderator den notwendigen Freiraum für seine eigentliche Aufgabe: Er ist zuständig für den **Arbeitsprozess** der Gruppe.

> Bei der Unterstützung des Arbeitsprozesses der Gruppe achtet der Moderator darauf, dass
>
> ❶ der gesamte Arbeitsprozess strukturiert verläuft;
> ❷ für den Arbeitsprozess Ziele vereinbart und im Auge behalten werden;
> ❸ er im gesamten Arbeitsprozess immer wieder unterstützende Regeln anbietet oder die Gruppe anregt, Regeln selbst zu formulieren;
> ❹ er situativ sinnvolle Arbeitsverfahren anbietet, ihre Regeln erläutert und deren Einhaltung betreut;
> ❺ der Kontakt zwischen den Teilnehmern auf einer tragfähigen Beziehungsbrücke verläuft;
> ❻ er eine fragende Haltung einnimmt;
> ❼ er das Geschehen in der Gruppe mit einer gewissen Regelmäßigkeit mit eigenen Worten wiederholt und zusammenfasst.

❶ **Der Moderator achtet darauf, dass der gesamte Arbeitsprozess strukturiert verläuft.**

Dazu gehört sowohl der Einstieg in den Arbeitsprozess, beispielsweise mit Begrüßung, Stimmungsabfrage und Zielklärung, als auch der Ausstieg beispielsweise mit Maßnahmenplan oder Erwartungsabgleich. Dazu gehört aber auch die Gestaltung des Hauptteils, indem beispielsweise Teilziele vereinbart oder unterschiedliche Arbeitsschritte angeboten werden.

Ein ausführliches Beispiel für einen solchen Ablauf einer strukturierten Arbeitssitzung finden Sie in Kapitel 8.

❷ Der Moderator achtet darauf, dass für den Arbeitsprozess Ziele vereinbart und im Auge behalten werden.

Jede Besprechung, jede Problemlösungssitzung oder jeder Arbeitsprozess hat ein bestimmtes Ziel. Dieses Ziel kann von einem Auftraggeber der Sitzung, beispielsweise die Geschäftsleitung des Unternehmens, vorgegeben, es kann aber auch von der Gruppe gemeinsam erarbeitet werden. Das Ziel wird zu Beginn des moderierten Arbeitsprozesses für alle in der Gruppe eindeutig geklärt und ausformuliert. An diesem Ziel orientiert sich auch der Moderator in seiner methodischen Verantwortung für den Arbeitsprozess. Er wird alles tun, um die Gruppe auf dem Weg zu diesem Ziel zu unterstützen.

»*Ich hatte heute Morgen so etwas wie ein Ziel vorgeschlagen: Das Problem einmal in einer ersten Runde anzugehen, hatte ich gesagt. Das ist natürlich grob formuliert.*«

»*Für eine erste moderierte Sitzung hätten Sie als Ziel vorschlagen und mit der Gruppe abklären können: ›Sammeln von offenen Fragen in der aktuellen Zusammenarbeit zwischen Meistern und Ingenieuren‹ sowie ›Erstellung eines Maßnahmenplans für das weitere Vorgehen bis zum nächsten Treffen‹.*«

Sich um die Zielverfolgung kümmern bedeutet dann, dass der Moderator der Gruppe mitteilt, an welcher Stelle auf dem Weg zum Ziel sie gerade steht. Er

hilft, Zwischenergebnisse transparent zu machen und diese zu visualisieren. Gleichzeitig macht er die Gruppe darauf aufmerksam, wenn sie vom Weg zum Ziel abweicht, auf Nebenschauplätzen arbeitet oder dabei ist, geplante Arbeitsschritte unbesprochen zu überspringen. Er teilt der Gruppe also mit, was sie gerade tut, und fragt sie, ob sie das, was sie tut, auch wirklich tun will. Es ist dann die Aufgabe der Gruppe zu entscheiden, wie sie weiterarbeiten möchte; ob der Nebenschauplatz zum – zeitlich begrenzten – Hauptthema werden soll, ob er »vertagt« werden kann und später wieder aufgegriffen werden soll.

Der Moderator wiederholt dabei hauptsächlich mit eigenen Worten die gemachten Äußerungen, er schafft so Übersicht, sorgt für einen gleichen Diskussionsstand bei allen Anwesenden, weist auf den Unterschied zwischen Verfahrensfragen und inhaltlichem Vorgehen hin. Und er arbeitet mit unterstützenden Fragen. Beispielsweise: »Was wollen Sie damit weiter tun?« »Was bedeutet diese Aussage für Ihr weiteres Vorgehen?« »Was heißt das für die soeben getroffene Entscheidung?« »Es wurden soeben zwei alternative Verfahrensvorschläge gemacht, nämlich ... Die darauf folgenden Äußerungen führen bereits den ersten Vorschlag weiter. Ich empfehle Ihnen, zuerst das weitere Vorgehen zu entscheiden und dann die zugehörigen Fragen zu diskutieren.«

»Was ist aber, wenn Gruppenmitglieder mitten in der Arbeitssitzung das Ziel des Treffens verändern? Wenn ich Moderator wäre, würde ich denen aber ordentlich meine Meinung sagen!«

»Es ist nicht die Aufgabe des Moderators, die Gruppe zu bewerten, zu loben oder zu tadeln. Damit würde er vor allem seine personenbezogene Neutralität aufgeben und das Vertrauen der Gruppenteilnehmer in seine Integrität aufs Spiel setzen. In der Praxis besteht das eigentliche Problem meist gar nicht darin, dass eine Gruppe bewusst und gewollt ihr Ziel verändert, sondern dass dies unbemerkt oder heimlich erfolgt. Der Moderator bringt die Gruppe dazu, einen solchen Schritt offen und nachvollziehbar zu entscheiden. Die Gruppe wird dann das neue oder veränderte Ziel auch formulieren. Wenn eine Gruppe im Verlauf des Arbeitens merkt, dass sie ein gesetztes Ziel nur dann erreichen kann, wenn sie vorher andere Fragen geklärt hat, dann soll und wird sie dies tun. Der Moderator hilft ihr dabei, weist auf die Folgen für die aktuelle Sitzung hin, auf Zeitprobleme oder notwendige neue Treffen. Für den Fall, dass das Ziel von einem Auftraggeber vorgegeben wurde, weist der Moderator auf diese Tatsache hin sowie auf die möglichen Konsequenzen, die eine Veränderung des Ziels für die Erfüllung des Arbeitsauftrages hat. Aber Souverän des Prozesses und der Entscheidungen ist und bleibt letztlich die Gruppe.«

❸ **Der Moderator achtet darauf, dass er situativ sinnvolle Arbeitsverfahren anbietet, ihre Regeln erläutert und deren Einhaltung überwacht.**

Der Moderator unterbreitet immer wieder Vorschläge, welche konkreten Verfahren möglich und nach seiner Erfahrung zum jeweiligen Zeitpunkt des Geschehens sinnvoll sind, um das gesetzte Ziel zu erreichen. Beispielsweise kann er das Sammeln von Themenvorschlägen durch das Karten-Antwort-Verfahren oder durch ein Brainstorming vorschlagen. Er kann empfehlen, die Reihenfolge für die Themenbearbeitung durch das Gewichtungsverfahren festzulegen, einzelne Themen durch sorgfältig vorbereitete Kleingruppenarbeit oder durch eine moderierte Diskussion zu bearbeiten. Er stellt das spezifische Ziel und die Leistungsfähigkeit des jeweiligen Verfahrens vor, beschreibt den Ablauf und erläutert die spezifischen Regeln für die Durchführung.

Beispiele für die Anwendung der Verfahren finden Sie im Kapitel 8 über den »Möglichen Ablauf einer moderierten Sitzung«. Die ausführliche Beschreibung von Zielen und Vorgehen der verschiedenen Verfahren finden Sie im Kapitel 9.

❹ **Der Moderator achtet darauf, dass er im gesamten Arbeitsprozess immer wieder unterstützende Regeln anbietet oder die Gruppe anregt, Regeln selbst zu formulieren.**

Spielregeln können die Kooperation der Gruppenmitglieder während einer Arbeitssitzung erleichtern, fördern oder positiv vorantreiben. Das ist immer dann der Fall, wenn diese Regeln für die Zusammenarbeit auf die anwesenden Teilnehmer maßgeschneidert sind und zur konkreten Situation passen. Derartige Spielregeln sind also weder »Knebel« (Verbote) für Vielredner noch »Antreiber« (Gebote) für Wenigredner oder Desinteressierte. Sie sollen ein zielgerichtetes und effizientes Zusammenwirken in der Gruppe bewirken und unterstützen.

Die einfache, immer wieder anzutreffende Regel »Jeder darf nur eine Minute (oder ähnlich) lang reden« beispielsweise bremst vielleicht den einen oder anderen Vielredner, ist aber häufig der nur einzige Versuch von Gruppen, die Zusammenarbeit in den Griff zu bekommen. Es gibt jedoch eine Vielzahl von praxiserprobten Regeln. Und es gibt für Gruppen kaum Grenzen, immer wieder hilfreiche, den Umgang der Gruppenmitglieder miteinander unterstützende Regeln selbst zu formulieren.

Erfahrene Moderatoren entwickeln die Spielregeln für konkrete Situationen während des Arbeitsprozesses oftmals mit der Gruppe gemeinsam.

Unabhängig von diesem Vorgehen überlegt sich der Moderator vor der Moderation, welche Spielregeln für die jeweils konkrete Gruppe vermutlich von Anfang an geeignet sind und welche er aus seiner Erfahrung heraus anbieten möchte.

> **Einige Beispiele für Spielregeln in moderierten Gruppenarbeiten**
>
> - Ich begründe jede geäußerte Meinung knapp und auf das Wesentliche reduziert. Damit ermöglichen wir, dass sachlicher, differenzierter und ergiebiger über Standpunkte und Hintergründe diskutiert wird, die Beweggründe der Einzelnen werden transparenter.
> - Ich begründe Fragen an andere Teilnehmer kurz (»Ich frage aus folgendem Grund ...«). Damit vermeiden wir, dass sich der Gegenüber ausgefragt fühlt, vorgeführt oder kontrolliert vorkommt oder dass er meint, ihm sollten Fehler nachgewiesen werden.
> - Ich spreche möglichst mit »ich« statt mit »man«, um meine Meinung eindeutig als solche zu kennzeichnen, um »Flagge zu zeigen«. Dadurch fällt es den anderen Gruppenmitgliedern auch leichter, über den Inhalt einer persönlichen Meinung sachlich zu sprechen, statt gegen eine generalisierende Behauptung angehen zu müssen.
> - Ich lasse die persönlichen Erfahrungen des Gesprächspartners als seine subjektive Perspektive (seine subjektive Wirklichkeit) gelten. Dadurch zeige ich meine Wertschätzung der Person des anderen gegenüber und erhalte so die gleiche Wertschätzung/Aufmerksamkeit für meine Erfahrungen.
> - Bevor ich jemandem widerspreche, wiederhole ich mit meinen eigenen Worten, was ich von ihm verstanden habe. Damit vermeiden wir ein Aneinandervorbeireden bei kontroversen Diskussionen.
> - Wenn ich einer anderen Meinung widerspreche, stelle ich das Weiterführende an meiner Idee heraus. Damit treiben wir den Erkenntnisprozess voran und vermeiden, immer wieder auf alte Positionen zurückzukommen.
> - Erst wenn wir unterschiedliche Meinungen visualisiert haben, diskutieren wir sie vergleichend. Damit stellen wir die gleiche Ausgangslage für alle Teilnehmer her.
> - Störungen, die das sachliche Weiterarbeiten in der Gruppe massiv beeinträchtigen, bearbeiten wir vorrangig. Damit stellen wir sicher, dass Störungen die Zielerreichung nicht behindern und die Gruppe rasch zur inhaltlichen Weiterarbeit zurückfindet.
> - Wir bemühen uns, jeden Redebeitrag auf maximal eine Minute zu beschränken. Damit erreichen wir, dass möglichst viele in der Gruppe zu Wort kommen.
> - Wir erarbeiten unsere Ergebnisse konsensorientiert – und möglichst nicht auf der Grundlage von Mehrheitsabstimmungen. Damit versuchen wir »Winner-Looser«-Situationen zu vermeiden und »Winner-Winner«-Gelegenheiten zu schaffen.

❺ **Der Moderator achtet darauf, dass der Kontakt zwischen den Teilnehmern auf einer tragfähigen Beziehungsbrücke verläuft.**

Erfolgreiches inhaltliches Arbeiten (auf der Sachebene) ist nur möglich, wenn die Beziehungen zwischen den Gruppenmitgliedern, die Art und Weise ihres Umgangs miteinander, einigermaßen intakt sind. Störungen auf der Beziehungsebene, also beispielsweise ungeklärte Missverständnisse, Rivalität, Neid, ausgesprochene Vorurteile, können das Arbeiten in der Sache erschweren, manchmal sogar völlig blockieren.

Der Moderator als Kommunikationsfachmann muss daher auf problematische Interaktionen zwischen den Teilnehmern achten – beispielsweise wenn sie aneinander vorbeireden, wenn bestimmte Beiträge nicht ernst genommen werden, wenn Meinungsunterschiede zu persönlichen Angriffen führen. Bei Störungen, die den Arbeitsprozess einer Gruppe *offensichtlich stark behindern oder sogar zu blockieren drohen*, teilt der Moderator seine Wahrnehmung der Gruppe mit, lenkt ihre Aufmerksamkeit auf die Situation, sodass die Gruppe prüfen kann, ob, wie und wann sie darauf reagieren will.

Viele in einer solchen Situation auftretende Probleme kann der Moderator nicht alleine lösen. Dies ist auch nicht seine Aufgabe. Schließlich soll er die Gruppe dabei begleiten, ein inhaltlich ansprechendes Ergebnis zu erarbeiten. Er kann aber bei Störungen, die die Zielerreichung verzögern oder gar gefährden, die Teilnehmer darauf aufmerksam machen, wann beispielsweise von der inhaltlichen Diskussion abgewichen wird (indem immer wieder Verfahrensfragen oder -anträge gestellt werden) oder wenn Beiträge nur noch von ein und demselben Teilnehmer kommen und die anderen sich nur noch zu langweilen scheinen. Der Moderator teilt der Gruppe mit, was er wahrnimmt. Für das weitere Vorgehen könnte er an vereinbarte Spielregeln erinnern, neue anregen und mit der Gruppe vereinbaren, damit alle weiter an den Inhalten arbeiten können.

> Eine Regel, die sich in Situationen bewährt hat, in denen die Teilnehmer mit dem »Bohren in alten Wunden« und Schuldzuweisungen für Fehler in der Vergangenheit den Arbeitsprozess behindern, lautet: »Wir schauen nicht mehr darauf, was in der Vergangenheit wie und warum passiert ist, sondern arbeiten ausschließlich auf die Zukunft hin. Es interessieren also nur noch Fragen danach, wie wir etwas in der Zukunft machen wollen!« Oder auch: »Wir diskutieren in den nächsten 30 Minuten ausschließlich die Frage ›Wie wollen wir das Problem in den Griff bekommen?‹ Unzulässig ist die Frage ›Warum ist die Sache schlecht gelaufen, wer ist schuld?‹«

Darüber hinaus kann der Moderator der Gruppe alternative Vorschläge machen, wie mit einer gravierenden Störung umgegangen werden kann: Sie könnte angesprochen und formuliert, bei großem Interesse und Spielraum im Arbeitsprozess vielleicht sogar an Ort und Stelle angegangen werden. Ihre Behandlung könnte aber auch aus Gründen der Zeit und Zielerreichung von allen Beteiligten zurückgestellt und auf einen späteren Termin gelegt werden. Wichtig dabei ist, dass die Gruppe die Chance erhält, mit einer klaren Entscheidung ihre Arbeitsfähigkeit wieder selbst herzustellen. So kann der Moderator dazu beitragen, dass kleinere Störungen sofort aus der Welt geschaffen werden, größere zumindest nicht mehr unmittelbar in den aktuellen Arbeitsprozess »hineinfunken«. Und sollte die Gruppe auf größere Probleme stoßen, kann er das Bewusstsein dafür schärfen, sich damit demnächst zielgerichtet im Unternehmen mit den Beteiligten, vielleicht in einer moderierten Sitzung, zu beschäftigen.

Das verlangt natürlich einen erfahrenen Moderator!

❻ Der Moderator nimmt eine fragende Haltung ein.

Der Moderator unterstützt den Prozess der Gruppe häufig mit Fragen. Er nimmt eine fragende Haltung ein. Er regt alle Teilnehmer an, sich für das Geschehen in der Gruppe zu interessieren und sich mit unterschiedlichen Meinungen und Anregungen auseinanderzusetzen. Die fragende Haltung ist ein wesentliches Hilfsmittel für den Moderator, um beispielsweise

- die Meinungsvielfalt in der Gruppe transparent zu machen,
- den Gedankenaustausch zwischen den Anwesenden anzuregen und im Fluss zu halten,
- sämtliche Teilnehmer am Arbeitsprozess zu beteiligen,
- Zielklarheit herzustellen,
- auf Zielabweichungen aufmerksam zu machen,
- Störungen im Arbeitsprozess bewusst zu machen,
- die Gruppe zu einer Entscheidung über das weitere Vorgehen zu bringen.

Dazu helfen ihm besonders die offenen Fragen, die sogenannten »**W-Fragen**«. Sie beinhalten in der Regel keine gedanklichen Vorgaben für eine Antwort (inhaltliche Unparteilichkeit!) und erlauben es den Antwortenden, möglichst viele Informationen untereinander auszutauschen. Beispielsweise:

- »Wie müsste die Zielformulierung ergänzt oder verändert werden, um in den nächsten zwei Stunden mit ihr arbeiten zu können?«
- »Welche Meinungen stehen noch im Raum?«
- »Was sagen die anderen zu diesem Vorschlag?«
- »Wie wollen Sie als Gruppe weiter verfahren, nachdem auf das erste Thema drei Viertel der geplanten Zeit verwandt wurde?«

❼ Der Moderator achtet darauf, dass er das Geschehen in der Gruppe mit einer gewissen Regelmäßigkeit mit eigenen Worten wiederholt und zusammenfasst.

Der Moderator teilt der Gruppe immer wieder mit, was nach seiner Wahrnehmung gerade geschieht oder in den letzten Minuten geschehen ist. Diese Rückmeldung gibt dem Arbeitsprozess Struktur, vermittelt den Teilnehmern eine bessere Übersicht über das Geschehen und erleichtert/stärkt die Orientierung der Arbeit am Ziel/auf das Ziel hin. Wenn in einer angeregten Diskussion mehrere Meinungen geäußert werden, werden diese vom Moderator wiederholt. So hilft er allen Teilnehmern dabei, sich ein gemeinsames Bild über den Stand des Arbeitsprozesses zu machen. »In den letzten fünf Minuten wurden von der Gruppe vier Gründe für die aufgetretenen Produktionsmängel genannt. Ich habe die Meinungen mitgeschrieben und möchte diese Gründe noch einmal darstellen. Erstens ..., zweitens ... Mit welchem Punkt wollen Sie sich in den restlichen zehn Minuten vor der Pause zuerst beschäftigen?«

Der Moderator beschreibt also mit eigenen Worten und zusammenfassend das, was er wahrnimmt – beispielsweise die verschiedenen Meinungen, die vielfältigen Vorschläge zum Vorgehen oder die kontroversen Standpunkte, über die – vielleicht unstrukturiert – diskutiert wurde. Wichtig dabei ist, dass der Moderator nicht jede einzelne Teilnehmeräußerung »gleich an sich reißt« und sie wiederholt. Das wäre eher das Verhalten eines Leiters, der jede Bemerkung fest im Griff behalten will und das ganze Geschehen auf sich konzentriert. Vielmehr wartet der Moderator ab, bis die Gruppe mehrere (also etwa drei) verschiedene Überlegungen angestellt hat. Eine gelungene moderierte Gruppenarbeit zeichnet sich gerade dadurch aus, dass die Gruppenteilnehmer miteinander diskutieren, streiten, argumentieren und sich dabei auch »in die Augen schauen«. Sie sollen gerade nicht jede Äußerung mit Blick auf den Moderator machen, der dadurch nur in die Rolle eines »heimlichen« Diskussionsleiters gedrängt würde. Der Moderator greift dann ein, wenn zu viele Meinungen unstrukturiert im Raum stehen oder wenn zu viele Vorgehensvorschläge gemacht werden, die sich keiner merken kann.

Angemessenes Wiederholen bedeutet auch, dass der Moderator versucht, nur das wiederzugeben, was er wahrnimmt. Das trennt er deutlich von seinen persönlichen Wertungen, Ideen oder Kritikpunkten, die er für sich behält. Es geht also um den – in der Praxis nicht einfach einzulösenden – Versuch, so etwas wie eine »nicht-bewertende« Rückmeldung zugeben.

»Wenn ich mir diesen Prozesskoffer für einen Moderator einmal in aller Ruhe anschaue, dann wird mir eines immer klarer: Die Moderationsmethode ist keine bloße Technik für das Sammeln von Informationen, das Kleben von Punkten oder Karten oder das Aufnotieren von Meinungen. Die Moderationsmethode ist eine ganz bestimmte Art, wie ein Gruppenbegleiter, der hier Moderator heißt, eine Arbeitsgruppe bei der Bearbeitung eines Themas unterstützt. Aber, und das ist mir jetzt deutlich geworden, er tut dies, ohne sich inhaltlich einzumischen. Er ver-

sucht, die ganze Kompetenz, die in so einer Gruppe ja häufig verborgen liegt, zu aktivieren. Er leistet damit Hilfe zur Selbsthilfe. Er muss also eine Menge Vertrauen in die Leistungsfähigkeit einer Gruppe haben. Und wenn das klappt, werden all die Vorteile erreicht, von denen schon die Rede war: Die Kompetenz aller wird genutzt, es wird hierarchiefrei, zielgerichtet und weitgehend störungsfrei inhaltlich, an der Sache gearbeitet. Qualität und Akzeptanz der Ergebnisse steigen.

Dabei beschäftigt mich jetzt ein grundsätzlicher Gedanke: Wenn ich beispielsweise unsere Meister-Ingenieur-Geschichte moderieren lasse, dann lege ich doch die volle inhaltliche Verantwortung für das Ergebnis dieser Sitzung in die Hände der Gruppe. Und die machen vielleicht etwas, was ich gar nicht will? Will ich das eigentlich?«

»*Sie sprechen damit eine zentrale Voraussetzung für die Durchführung einer moderierten Arbeitssitzung an. Wenn die gesamte Kreativität und Kompetenz aller Gruppenmitglieder für die Bearbeitung eines Themas aktiviert werden soll, dann sollte die Situation einigermaßen offen sein. Das heißt, dass die Gruppe wirklich die Möglichkeit haben muss, Ergebnisse eigenverantwortlich zu produzieren. Ergebnisse, an die vielleicht bisher noch keiner gedacht hat. Oder Ergebnisse, über die bisher noch keiner zu sprechen wagte. Es macht keinen Sinn, eine Sitzung einzuberufen, bei der das Ergebnis schon feststeht oder in der der Gestaltungsspielraum für die Gruppe verschwindend gering ist. Beispielsweise kann ein Geschäftsführer durchaus eine Gruppe beauftragen, bei einem bestimmten Verfahren Einsparungen von mindestens 20 Prozent zu erarbeiten. Das ›Wie‹ und ›Wo‹ liegt dann im Ermessensspielraum der Gruppe. Aber selbst dort könnte der Auftraggeber noch vielfältige Rahmenbedingungen formulieren und Restriktionen festlegen. Nur: Irgendwann bleibt für die Gruppe nichts mehr übrig, was sie als Gruppe erarbeiten könnte. Und dann macht auch keine moderierte Arbeitssitzung mehr Sinn. Wann dieser Punkt erreicht ist, das muss ein erfahrener Moderator erkennen können und im Vorgespräch mit dem Auftraggeber besprechen.*

Und damit sind wir auch schon bei Ihrer Befürchtung, ›die Gruppe macht vielleicht etwas, was ich gar nicht will‹. Selbstverständlich bestimmen Sie für eine Gruppensitzung den Rahmen und gegebenenfalls auch das Ziel. Zum Beispiel, dass unsere Meister und Ingenieure in einem ersten Schritt die bestehenden Probleme nur identifizieren und beschreiben sollen. Wie mit diesem Ergebnis weiter verfahren wird, das entscheiden dann Sie. Aber Sie haben dann keinen Einfluss darauf, welche Probleme Ihnen die Arbeitsgruppe präsentieren wird. Das ist wahrscheinlich das wirklich Neue und auch Ungewohnte, das durch moderierte Arbeitssitzungen in der betrieblichen Praxis Einzug hält. So können nämlich Mitarbeiter Kompetenz entwickeln, zusammen mit anderen eigenverantwortlich anspruchsvolle Aufgaben bearbeiten oder wichtige Probleme lösen.«

Elf Verhaltensweisheiten für einen pfiffigen Moderator

- Der Moderator stellt seine eigenen Ziele, Wertungen und Meinungen zurück. Er bewertet weder Meinungsäußerungen noch Verhaltensweisen. Es gibt für ihn inhaltlich kein »richtig« oder »falsch«. Er konkurriert nicht mit den Teilnehmern um Sachfragen.
- Er nimmt alle Teilnehmer ernst, zeigt allen gegenüber die gleiche Wertschätzung, bevorzugt oder benachteiligt niemanden.
- Er achtet darauf, dass alle ihre Meinungen, Ideen und Ansichten vertreten können.
- Er sorgt dafür, dass auch die Ruhigen und eher Schweigsamen Gelegenheit bekommen, am Arbeitsprozess aktiv teilzunehmen.
- Er hat ständig das Ziel der Sitzung oder einzelner Phasen im Auge und signalisiert der Gruppe Abweichungen vom Weg zur Zielerreichung.
- Er ermutigt die Gruppe, Regeln für einen fruchtbaren Umgang miteinander zu vereinbaren.
- Er versucht, der Gruppe das eigene Verhalten bewusst zu machen, sodass die Mitglieder mit Störungen und Konflikten angemessen umgehen können.
- Er nimmt eine fragende Haltung ein und keine behauptende. Durch Fragen öffnet und aktiviert er die Gruppe für den Gedankenaustausch untereinander.
- Er hört überwiegend zu und spricht selbst wenig. Er versucht, den Austausch und die Diskussion zwischen den Gruppenteilnehmern zu unterstützen. Aber: Nicht er steht im Mittelpunkt, sondern die Kompetenz der Teilnehmer, das Thema und das Ziel.
- Er wiederholt für die Teilnehmer das, was gerade an Äußerungen, Themen, Meinungen in der Gruppe existiert, immer dann, wenn er dadurch den Arbeitsprozess erleichtern, transparent machen oder vorantreiben kann.
- Er visualisiert, visualisiert, visualisiert.

Und worauf sollte ein erfahrener Moderator noch achten?

- Der Moderator bereitet sich intensiv auf die moderierte Arbeitssitzung vor. (Kapitel 7)
- Der Moderator bietet für die gesamte Arbeitssitzung eine Struktur an, nach der von der Einleitung bis zum Abschluss gearbeitet werden kann. (Kapitel 8)
- Der Moderator bietet konkrete Arbeitsschritte und dazugehörige Arbeitsverfahren an, mit denen beispielsweise Informationen gesammelt, sortiert, bewertet und weiter genutzt werden können. (Kapitel 9)

»Aber die Praxis«

Versucht ein – besonders ein junger – Moderator die in diesem Buch angelegten Ideen konsequent in seiner Moderationspraxis anzuwenden, so sieht er sich häufig einem Dilemma ausgesetzt, das so manche Gewissensbisse verursachen, zumindest jedoch einiges an Kopfschmerzen bereiten kann.

Auf der einen Seite besteht die Philosophie der Moderation – treffend mit dem Schlagwort »Hilfe zur Selbsthilfe« benannt – darin, dass die Gruppe als Souverän des gesamten Arbeitsprozesses für alle Entscheidungen die Verantwortung übernimmt und sie der Moderator darin lediglich, aber entscheidend unterstützt. Der Moderator nimmt mit seiner Methodenkompetenz dabei ausschließlich eine »dienende Haltung« ein. Er bietet beispielsweise ein Arbeitsverfahren an, begründet dieses Angebot so, dass die Gruppe mit gutem Gewissen entscheiden kann, ob sie so vorgehen will oder ob sie mit einem anderen Angebot weiterarbeiten möchte.

So weit der Idealzustand einer moderierten Gruppenarbeit, die auf dem Grundgedanken der konsequent geachteten Gruppensouveränität basiert.

Das Problem des Moderators beginnt dann, wenn Gruppen nur begrenzt fähig sind, als Souverän eines gemeinsamen Arbeitsprozesses zu fungieren. Beispielsweise ist dies der Fall, wenn, wie in unserem Beispiel, Teilnehmer zusammenkommen, die unterschiedliche oder widerstreitende Interessen vertreten und die eine gleichberechtigte, alle beteiligende Form der Auseinandersetzung im Unternehmensalltag bisher noch nicht kennengelernt haben. Gleiches gilt auch dann, wenn Gruppen zusammenkommen, deren Mitglieder sich nicht kennen und die dennoch in möglichst kurzer Zeit ein qualitativ möglichst hochwertiges Ergebnis erarbeiten sollen.

Was heißt das nun für einen Moderator, dessen Interesse darin besteht, dass die Moderation erfolgreich im Sinne der geschilderten Philosophie verläuft? Er müsste ein Zweifaches leisten: Er müsste nicht nur im Sinne der »reinen Lehre« zu moderieren versuchen, trotz aller Schwierigkeiten, die eine Gruppe bereitet, für die die Rolle des Souveräns im besten Falle ungewohnt, im schlechtesten Falle sogar unangenehm ist. (Typische Reaktionen aus der Gruppe: »Machen Sie das doch mal, Sie wissen schon, was da am besten passt!« »Sorgen Sie doch dafür, dass wir mit der Zeit hinkommen und schnell fertig werden!« »Sie als Berater werden doch dafür bezahlt, mit uns zu arbeiten. Und außerdem sind Sie Experte. Sagen Sie doch mal, in welche Richtung die Geschäftsleitung das Problem lösen will?«) Gleichzeitig müsste er als Trainer auftreten, der diese Gruppe in Hintergründe, Philosophie, Besonderheiten und Ablauf dieser neuen Methode unterrichtet, sie darin schult, was es heißt, als Souverän zu agieren, und sie dann noch für das Mitmachen begeistert.

Das Spannende in der Praxis ist, dass gelegentlich beides zusammen mehr oder weniger gelingt. Viele Gruppenmitglieder lernen den Umgang, das Arbeiten mit der Moderation durch das konkrete Tun und Erleben. Sie entwickeln eine erste methodische Kompetenz, die sie dann wieder in anderen Gruppen gewinnbringend anwenden.

Das Problematische in der Praxis ist allerdings auch, dass viele Moderatoren, besonders Neulinge, mit dieser Doppelfunktion noch überfordert sind. Bei »schwierigen« Gruppen (beispielsweise mit widerstreitenden Interessen) und besonderen Umständen (beispielsweise Zeitdruck, hohe qualitative Anforderung an das Ergebnis) fallen sie leicht in die Rolle der klassischen Leitung zurück und bewegen die Gruppe mehr oder weniger verdeckt in eine bestimmte Richtung. Dies scheint allemal – auf das Sachergebnis bezogen – Erfolg versprechend.

Und so manchen, auch und gerade den guten Moderator plagt nach einer erfolgten Sitzung anschließend das schlechte Gewissen. Er meint, doch zu sehr inhaltlich eingegriffen, zu sehr gelenkt, zu sehr Einzelne bevorzugt zu haben – weil sie ja auch die besten Ideen klar und verständlich vorgetragen hatten, während die anderen mühsam nur schwer verständliche und wenig konstruktive »Ergüsse« eingebracht hatten.
Und so mancher Gruppenteilnehmer ist anschließend vielleicht etwas unzufrieden mit dieser Sitzung, bei der mal wieder nur die bekannten Gesichter zur Geltung kamen, bei der aber immerhin etwas herausgekommen ist, was wahrscheinlich der bunten Kartenmethode des externen »Leiters« zu verdanken ist.

Und jetzt? Uns, den Autoren dieses Buches, geht es nicht anders. Auch wir empfinden immer wieder diese Zwickmühle und erleben uns auch immer wieder woanders auf dem Kontinuum zwischen direkter Leitung und unterstützender Begleitung.

Moderationsigel bitte!

Dem Moderationsneuling raten wir daher: Nutzen Sie die Überlegungen und Hilfen dieses Buches (beispielsweise Aufbau einer moderierten Sitzung, Vorschläge für die Spielregeln) und setzen Sie sie ein, werben Sie dafür in Ihrer Gruppe. Kommunizieren Sie eindeutig die Rollenverteilung, die Aufgaben der Gruppe sowie die eigenen Aufgaben als Moderator. Vielleicht werden Sie am Anfang stärker in den Prozess eingreifen, als dies ein »*alter Moderationshase*« tun würde. Auf der anderen Seite versuchen Sie, so unparteiisch und neutral wie nur möglich zu sein. Prüfen Sie anschließend immer wieder, was Sie noch besser machen könnten, um Gruppen effizient darin zu unterstützen, die Rolle des Souveräns einzunehmen. Solange Sie die Sensibilität bewahren und spüren, wo Sie immer noch eine Spur zu sehr leiten und bestimmen, werden Sie Ihre persönliche Methodenkompetenz weiter verbessern.

Dazu vielleicht noch ein letzter Tipp: Gelegentlich werden moderierte Arbeitssitzungen von zwei Moderatoren begleitet. Dies besonders bei größeren Gruppen und komplexen Aufgabenstellungen. Nutzen Sie diese Situation. Tauschen Sie sich mit der Kollegin oder dem Kollegen aus, geben Sie sich Rückmeldung zum Verhalten in der Moderation, fragen Sie danach, was Sie gut gemacht haben und was Sie auf jeden Fall verbessern sollten. Eine bessere Lernsituation als die Praxis gibt es nicht.

Passagen:
Vorbereitung, Ablauf und jede Menge Handwerkszeug

Kapitel 7   Die Vorbereitung einer Moderation
Kapitel 8   Der Ablauf einer moderierten Arbeitssitzung
Kapitel 9   Verfahren der Moderation: Arbeitshilfen für die Praxis
Kapitel 10 Notwendig und hilfreich: Visualisierungen während der Moderation

Kapitel 7
Die Vorbereitung einer Moderation

»Einen schönen guten Tag wünsche ich Ihnen, Frau ... Sie sind mir von meiner Mitarbeiterin als kompetente und erfahrene Moderatorin empfohlen worden. Wir beabsichtigen, in etwa drei Wochen eine Arbeitssitzung mit unseren Meistern und Ingenieuren moderieren zu lassen. Meine Mitarbeiterin hat Ihnen ja von uns erzählt und davon, dass die letzte Sitzung eher unbefriedigend verlaufen ist. Vielleicht klappt es, wenn Sie als Firmenfremde die Sitzung begleiten. Ich nehme das Thema sehr ernst und habe daher für die Veranstaltung schon einmal sechs Stunden eingeplant, von 14:00 bis 20:00 Uhr. Die
Teilnehmer und Teilnehmerinnen stehen auch schon fest, es sollen insgesamt sieben Personen sein, vier Meister und drei Ingenieure. Ich selbst werde bei diesem Treffen nicht dabei sein, ich möchte da nichts beeinflussen. Sie hatten mich um dieses Gespräch heute gebeten; was brauchen Sie noch, um sich vorbereiten zu können?«

»Ja, vielen Dank dafür, dass Sie sich Zeit genommen haben. Von Ihrer Mitarbeiterin habe ich einige Informationen über Ihre Firma sowie über Vorgeschichte und Hintergründe dieser Sitzung erhalten. Ich möchte mich mit Ihnen vor allem über das konkrete Ziel der geplanten Arbeitssitzung unterhalten. Ich habe erfahren, dass Sie bestimmte Wünsche haben, was an diesem Tag geschehen soll. Im Anschluss an unser Gespräch werde ich mir Gedanken über das genaue Vorgehen in der Sitzung machen. Ich werde mir also einen Ablaufplan überlegen, konkrete Verfahren für die Gruppenarbeit vorbereiten und über Regeln nachdenken. Und dann muss ich natürlich auch noch die Rahmenbedingungen klären wie Ort und Technik. Sie Ihrerseits sollten möglichst bald eine Einladung verschicken, in der das Ziel formuliert, auf die externe Moderatorin hingewiesen und die Rahmenbedingungen angegeben werden. Über den Text können wir uns ja in den nächsten Tagen telefonisch verständigen. Und dann kann es losgehen.«

»Gut, reden wir über das Ziel der geplanten Sitzung. Meiner Ansicht nach gibt es seit einiger Zeit ein paar Probleme zwischen unseren Meistern und den Ingenieuren. Und bevor sich daraus irgend etwas Größeres entwickelt, möchte ich hören, wo es knirscht. Und ich möchte wissen, wie sich die Beteiligten erste Schritte oder Maßnahmen vorstellen. Die Veranstaltung hat also zwei Ziele: Die Gruppe soll zum einen alle wichtigen offenen Fragen in der Zusammenarbeit zwischen Meistern und Ingenieuren sammeln und aufschreiben. Wer weiß, was da alles rauskommt. Vielleicht habe ich ja ganz falsche Vorstellungen davon, wo es knirscht. Da will ich Sicherheit bekommen. Als Ergebnis stelle ich mir dann eine Liste mit den wichtigsten Konflikten zwischen den Beteiligten vor. Zum anderen, damit das nicht nur eine Jammer- und Mekkerveranstaltung wird, sollen in der Gruppe erste kostenneutrale Lösungsvorschläge entwickelt werden, wie wir in dieser Geschichte weiter vorgehen können.«

»Was bedeutet für Sie kostenneutral?«

»Vorschläge, die nicht abseits der Wirklichkeit und möglichst kostengünstig zu realisieren sind.«

»Diese Spezifizierung würde bedeuten, dass die Gruppe ihre Vorschläge auch schon auf die spätere Umsetzung hin durchrechnen sollte. Wie kann sie das in dieser einen Sitzung leisten?«

»Ehrlich gesagt, sie kann es eigentlich nicht. Man müsste erst sehen, was da für Vorschläge kommen. Es macht daher wenig Sinn, Lösungsvorschläge im Voraus einzuschränken. Die Mitarbeiter können vielleicht auch gar nicht immer beurteilen, was eine Umsetzung kosten wird. Ich halte es für besser, sie schlagen all das vor, was aus ihrer Sicht sinnvoll und notwendig ist. Und wie ich unsere Mitarbeiter kenne, wird das sowieso nichts Utopisches sein. Das sind ja alles vernünftige Leute.«

»Ich verstehe Sie so, dass Sie der Gruppe zwei Ziele vorgeben wollen. Erstens: ›Sammeln und Ausformulieren aller wichtigen offenen Fragen in der Zusammenarbeit zwischen Meistern und Ingenieuren‹. Ergebnis ist dabei eine Liste der für die Gruppe wichtigen Fragen. Und zweitens: ›Entwicklung von ersten Maßnahmen, wie die gesammelten und formulierten offenen Fragen in der Zusammenarbeit zwischen Meistern und Ingenieuren weiterbearbeitet werden können‹. Ergebnis dieses Schrittes könnten dann konkrete Vorschläge oder Maßnahmen aus der Sicht der Arbeitsgruppe sein.«

Das Ziel der moderierten Sitzung

Jede Arbeitssitzung braucht ein klar formuliertes, allen bekanntes und für alle nachvollziehbares Ziel. Fehlt ein solches Ziel, handelt es sich nicht um eine Arbeitssitzung, sondern eher um eine lockere Freizeitveranstaltung – wogegen natürlich nichts einzuwenden ist, wenn dies von der Firmenleitung so gewollt wäre.

Dass im betrieblichen Alltag viele Sitzungen scheitern, unabhängig davon, ob sie geleitet oder moderiert werden, liegt häufig daran, dass

- es überhaupt kein Ziel gibt,
- das Ziel den Teilnehmern nicht bekannt ist,
- das Ziel nur ungenau oder nebulös formuliert wurde,
- das Ziel so unrealistisch formuliert ist, dass man in einer relativ kurzen Sitzung damit wenig anfangen kann: »Verbesserung der Kommunikation in unserer Konzernzentrale unter Einbeziehung aller in- und ausländischen Niederlassungen«.

In seiner Vorbereitung klärt der Moderator das Ziel für die Sitzung, die er moderieren soll. Dies geschieht in Vorgesprächen mit dem Auftraggeber oder – wenn irgend möglich – mit der Gruppe selbst.

Im Mittelpunkt stehen dabei Fragen wie:

- Was soll/will die Gruppe am Ende der Arbeitssitzung in Bezug auf das Thema der Sitzung erreicht haben?
- Wenn die Gruppe nach Beendigung der Sitzung auseinandergeht, wie soll das Ergebnis aussehen, das bis dahin erreicht werden soll?
- Angenommen, die Arbeitssitzung kommt zu einem für die Gruppe und/oder den Auftraggeber erfolgreichen Abschluss, welche Art des Ergebnisses wird als Erfolg eingestuft?

Es geht dabei nicht um eine inhaltliche Vorwegnahme, sondern um die Art der Ergebnisse, die erzielt werden sollen. Sollen in der Sitzung beispielsweise

- Informationen, Ideen, Vorschläge nur *gesammelt* werden,
- sollen bestimmte Informationen, Gedanken oder Ideen schon in einer bestimmten Form *bearbeitet* werden und, wenn ja, in welcher,
- sollen *Lösungsvorschläge und/oder Vorgehensweisen entwickelt* werden,
- sollen Handlungen, Prozesse koordiniert und aufeinander abgestimmt werden,
- sollen Maßnahmen verbindlich vereinbart werden oder
- sollen in der Sitzung sogar schon konkrete *Entscheidungen gefällt* werden?

Wird das Ziel der Sitzung vom Auftraggeber der Moderation oder vom Veranstalter des Treffens vorgegeben – wie in unserem Beispiel – bemüht sich der Moderator während der Vorgespräche um eine möglichst klare Zielformulierung. Er überlegt, wie realistisch die Zielerreichung in der für die Moderation vorgesehenen Zeit ist und diskutiert eventuelle Bedenken mit dem Auftraggeber. Zu Beginn der Sitzung sorgt er dann dafür, dass allen Teilnehmern das Ziel oder die Ziele klar und verständlich sind. Vor Beginn der Sacharbeit sollte auf jeden Fall Einverständnis über das zu erreichende Ziel herrschen.

Es gibt aber auch die Möglichkeit, dass die Gruppe das Ziel ihrer Sitzung erst zu Beginn der Veranstaltung bestimmen und formulieren will. Dann wird der Moderator diesen Arbeitsschritt begleiten. Ergebnis sollte eine für alle akzeptierbare und verständlich formulierte Zielsetzung für den anschließenden Arbeitsprozess sein.

Die Teilnehmerinnen und Teilnehmer der moderierten Sitzung

Wie auch bei Präsentationen, Verkaufs- und Beratungsgesprächen besteht in der Moderation ein zentraler Vorbereitungsschritt in der *Analyse der Zielgruppe*.

Wenn der Moderator weiß, mit wem er es zu tun hat, fällt es ihm auf Grund seiner Erfahrung leichter,

- die für die Teilnehmer angemessenen Arbeitsschritte und Gruppenarbeitsbeziehungsweise Moderationsverfahren auszuwählen,
- für den Einstieg in den Arbeitsprozess erste hilfreiche Regeln für den Umgang miteinander zu formulieren,
- eine angemessene Einführung in die gesamte Gruppensitzung zu formulieren, die offene Fragen bereits aufnimmt und möglichst beantwortet,
- die Rahmenbedingungen der Veranstaltung passend zu planen und zu organisieren.

Bei der Teilnehmeranalyse hilft die Bearbeitung einiger Fragen. Auch wenn der Moderator zu manchen Fragen keine ausreichenden Informationen erhält – beispielsweise über die Interessen der Teilnehmer –, führt die systematische Beschäftigung mit der Gruppe zu einem Bild, das Sicherheit bei der weiteren Vorbereitung gibt.

> **Fragen zur Teilnehmeranalyse**
>
> *Wer sind die Teilnehmer der Sitzung?*
>
> - Wie viele Personen werden an der Sitzung teilnehmen?
> - Wie heißen die einzelnen Teilnehmer?
> - Welche Funktion im Unternehmen haben sie?
> - Welche Stellung haben sie in der Hierarchie?
> - Welche Aufgaben bearbeiten sie zurzeit?
> - Welche Entscheidungskompetenz haben sie?
> - Wie sehen die Beziehungen der Teilnehmer zueinander aus?
>
> *Wie sehen die unterschiedlichen Interessen und die Einstellungen der Teilnehmer der Sitzung aus?*
>
> - Welche Interessen vertreten sie?
> - Welche Einstellungen zum Thema herrschen vor?
> - Welche Erwartungen haben sie?
> - Welche Konflikte können auftreten?
>
> *Wie vertraut ist den Teilnehmern die Moderationsmethode?*
>
> - Wie ist ihre Einstellung zur Moderationsmethode?
> - Wie viel Erfahrung aus moderierten Arbeitsgruppen bringen sie mit?

Die Vorgehensplanung für die moderierte Sitzung

In unserem Beispiel kennt die Moderatorin Teile der Vorgeschichte und einige Hintergründe der zu moderierenden Sitzung. Sie hat vom Auftraggeber eine klare Zielstellung erhalten, weiß daher, dass in der sechsstündigen Veranstaltung zwei Ziele erreicht werden sollten. Darüber hinaus hat sie sich über die Teilnehmer informiert, möglicherweise kurz mit einzelnen Ingenieuren und Meistern gesprochen. So ist ihr beispielsweise bekannt, dass fast alle bisher noch keine Erfahrungen mit moderierten Besprechungen haben und dass einige etwas verunsichert darüber sind, an einer firmeninternen Besprechung mit externer »Leitung« teilnehmen zu sollen.

Ihr ist aber auch zu Ohren gekommen, dass das Thema alle interessiert und die Erwartung besteht, dass doch endlich mal vonseiten des Chefs etwas geschehen solle.

Mit diesem Hintergrundwissen überlegt sich die Moderatorin einen groben Fahrplan für die sechs Stunden. Sie weiß natürlich, dass es in einer moderierten Sitzung in erster Linie von der Gruppe abhängt, wie zügig und effizient auf das Ziel hingearbeitet wird. Sie weiß aber auch, wie wichtig ein von ihr sorgfältig geplanter Einstieg in die Sitzung ist, um alle auf eine zielgerichtete und im Umgang miteinander zufriedenstellende Arbeit einzustimmen. Und aus ihrer Erfahrung weiß sie auch, dass sie umso flexibler auf die Interessen der Gruppe und die Entwicklungen während des Arbeitsprozesses reagieren kann, je genauer sie für einzelne Phasen der Sitzung konkrete Arbeitsverfahren vorbereitet hat.

Bei der Erarbeitung ihres Fahrplans hilft der Moderatorin ein umfangreicher Fragenkatalog. Dieser enthält das »Maximalprogramm« für eine moderierte Arbeitssitzung.

Nicht jede dieser Fragen wird in einen gesonderten Arbeitsschritt umgesetzt werden. Je nach konkreter Situation findet jeder Punkt mal mehr oder weniger ausgeprägt Eingang in die Sitzung. Die Moderatorin weiß aber, dass sie nichts vergessen wird, wenn sie Frage für Frage sorgfältig durchgeht.

Die Moderatorin überlegt also, wie die konkrete Situation, ihr Auftrag, die Gruppe oder die Rahmenbedingungen die Durchführung der einzelnen Punkte beeinflussen.

Fragen zur Vorbereitung der Einleitung

- Wie begrüße ich die Teilnehmer?
- Wie stelle ich Anlass und Hintergrund der Sitzung dar? Wird dies vielleicht sogar der Auftraggeber tun? Wie bereite ich ihn dann dafür vor?
- Wie erläutere ich den Teilnehmern die Besonderheiten einer moderierten Sitzung?
- Wie erkläre ich den Teilnehmern die Besonderheiten meiner Rolle als Moderatorin?
- Wie stelle ich das Ziel (oder die einzelnen Teilziele) der Sitzung dar?
  oder
- Wie unterstütze ich die Gruppe bei der Zielfindung und -formulierung?
- Wie erfasse ich die Erwartungen der Teilnehmer an die moderierte Sitzung und gleiche sie mit dem Ziel der Veranstaltung ab?
- Wie erfasse ich die Stimmungen in der Arbeitsgruppe und erreiche, dass mögliche Störungen vor dem Einstieg in die Arbeit geäußert, gegebenenfalls bearbeitet oder geparkt werden?
- Welche Spielregeln für den Umgang miteinander möchte ich anbieten und mit der Gruppe vereinbaren?
- Wie stelle ich den von mir gedachten Ablauf und den Zeitrahmen der gesamten Sitzung vor?
- Wie viel Zeit will ich mir für die Einleitung insgesamt nehmen?

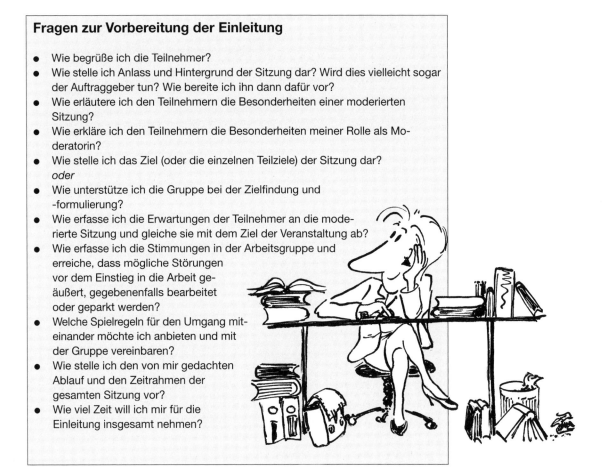

Fragen zur Vorbereitung des Hauptteils

- Welche Arbeitsschritte biete ich der Gruppe zur Bearbeitung des ersten Teilziels an?
- Welche Moderationsverfahren schlage ich der Gruppe für die Bearbeitung der einzelnen Arbeitsschritte vor?
- Wie lauten die konkreten Arbeitsfragen und spezifischen Ziele für die einzelnen Arbeitsschritte, die ich anbieten werde?
- Wie visualisiere ich Ziele, Spielregeln und Arbeitsfragen der verschiedenen Moderationsverfahren?
- Wie organisiere ich die Ergebnissicherung der einzelnen Arbeitsschritte?
- Wie viel Zeit benötigt die Gruppe erfahrungsgemäß für die einzelnen Schritte?

Fragen zur Gestaltung des Abschlusses der Sitzung

- Wie gestalte ich den Aktionsplan/Maßnahmenplan für das weitere Vorgehen im Anschluss an die Sitzung?
- Welche Methoden kann ich der Gruppe anbieten, damit vereinbarte Maßnahmen in der Praxis möglichst hohe Realisierungschancen haben und nicht schon nach wenigen Tagen als Luftblasen zerplatzen?
- Wie viel Zeit wird die Bearbeitung des Arbeitsspeichers voraussichtlich in Anspruch nehmen?
- Mit welchem Verfahren und welcher Fragestellung biete ich der Gruppe eine mögliche Stimmungsabfrage nach Beendigung der inhaltlichen Arbeit an?
- Wie gestalte ich den Abgleich der Erwartungen, die die Teilnehmer zu Beginn der Sitzung geäußert haben, mit den erzielten Ergebnissen?
- Für den Fall, dass es ein Folgetreffen geben wird: Was kann am Ende der Sitzung schon für die Vorbereitung der Folgesitzung getan werden?
- Welche Fragestellung biete ich der Gruppe für die Rückmelderunde zur moderierten Sitzung und zu meiner Tätigkeit als Moderatorin an?
- Wie verabschiede ich mich von der Gruppe?
- Wie viel Zeit plane ich für den gesamten Abschluss der Sitzung ein?

Das Ergebnis dieses Vorbereitungsschrittes ist ein schriftlicher Fahrplan für die Durchführung der moderierten Arbeitssitzung. Neben den einzelnen Arbeitsschritten enthält er die geplanten Zeiten, Formulierungsvorschläge für die Arbeitsfragen, Hinweise für die Anfertigung von Visualisierungen sowie persönliche Regieanweisungen.

Für die Vorbereitung der einzelnen Schritte des Hauptteils hat sich in der Praxis folgendes Arbeitsblatt bewährt:

Vorbereitungsblatt für Moderationen

Thema:

Wie lautet das konkrete Ziel für das Thema?

Welches Verfahren erscheint mir für das Thema am geeignetsten? Mit welchen Arbeitsschritten soll die Gruppe das Thema bearbeiten?

Wie lauten die Arbeitsfragen, die ich zu Beginn eines jeden Arbeitsschrittes stellen möchte?

Geplanter Zeitbedarf:

Die Planung der Rahmenbedingungen

Der Ort, der Raum

Welcher Raum für die moderierte Sitzung in Frage kommt, hängt ab von den Gegebenheiten vor Ort, den Kosten und den technischen Möglichkeiten. Es macht in der Regel wenig Sinn, für wöchentlich durchgeführte ein- bis zweistündige moderierte Besprechungen in ein abgelegenes, technisch perfekt ausgestattetes Tagungshotel auszuweichen. Trifft sich dagegen eine Gruppe zu einer moderierten, ein- bis zweitägigen Klausurtagung, dann bietet sich ein solcher Ort an. Dort kann dann, von der Alltagshektik ungestört, bis spät in die Nacht hinein gearbeitet werden.

Im Übrigen sollte der Raum folgende Bedingungen erfüllen:

- ausreichende Größe, als Faustregel gilt: rund fünf bis sieben Quadratmeter pro Teilnehmer;
- Möglichkeit zu ungestörtem Arbeiten, also beispielsweise keine Störungen durch Telefon (Verbannung aller Handys!), Kollegen, Kunden;
- ausreichende Visualisierungsmöglichkeiten (Flipchart, Tafel, mehrere Pinnwände).

Die Arbeitsmittel

Die Moderationsmethode erfordert natürlich auch eine umfangreiche Ausrüstung, allgemein Moderationskoffer genannt, um für alle Pinn- und Klebe-Eventualitäten gewappnet zu sein. Mehrere Anbieter stellen zur Verfügung, was das Moderatorenherz begehrt. Beispielsweise die Oberschwäbischen Werkstätten für Behinderte in Sigmaringen oder die Firmen Neuland, Nitor, Ultradex, Franken und Printus. Die meisten von ihnen bieten auch elegante Moderationskoffer an, fertig gefüllt mit unterschiedlichen Karten, Stiften, Klebern etc., alles in passenden Fächern. Wem diese maßgefertigte Moderationskollektion zu teuer ist, der sollte sich mit Karten und Stiften nach seinen eigenen Bedürfnissen ausrüsten und gelegentlich einmal nach einem stabilen Fotokoffer aus dem Sonderangebot eines großen Warenhauses Ausschau halten.

> **Zur persönlichen Orientierung:**
> **Die Grundausrüstung für eine Moderation**
>
> - Verschiedenfarbige Pinnwandkarten oder Karteikarten als Rechtecke, Quadrate, große oder kleine Kreise, Ovale in ausreichender Menge;
> - Filzschreiber für Textformulierungen in unterschiedlichen Farben (mitteldick, zum Beispiel Edding Nr. 1 oder 500, Faber Castell), pro Teilnehmer mindestens ein Stift;
> - dicke Filzschreiber für Überschriften in rot, blau, schwarz und grün (zum Beispiel Edding 800);
> - Tesakreppband, um Plakate an den Wänden zu befestigen;
> - Klebematerial als Stifte oder Roller, fest haftend oder löslich, um die Karten an den Pinnwänden zu befestigen;
> - alternativ einen ungiftigen und FCKW-freien Sprühkleber;
> - alternativ dazu Pinn-Nadeln (mehrere Schachteln);
> - Klebepunkte (zwei Farben reichen aus);
> - Papierschere;
> - Digitalkamera;
> - je nach technischer Ausstattung der Räume: Overhead-Folien und Folienstifte, Laptop, Beamer.

Es gibt noch Klebepunkte mit Blitzen, Smilies, Kreuzen, nur nicht mit Igeln...

Das Einladungsschreiben

Die Gruppenmitglieder sollten möglichst frühzeitig über die moderierte Arbeitssitzung informiert werden. Die Einladung kann vom Auftraggeber und/oder vom Moderator verfasst sein. Eine vollständige Einladung enthält:

- Zeiten: Anfangszeit, Dauer,
- Ort, Raum,
- Hintergrund/Anlass,
- Ziel und Teilziele,
- Ablauf/Tagesordnung soweit schon bekannt,
- Beteiligte,
- Durchführende, also kurze Nennung/Vorstellung von Moderatorin oder Moderator.

In unserem Beispiel könnte die Einladung – wie auf Seite 56 dargestellt – folgendermaßen aussehen:

Köln, am 11. November ...

Einladung zum zweiten Ingenieur-Meister-Treffen

Nachdem wir in einer ersten Sitzung am ... Vorüberlegungen über die Zusammenarbeit zwischen den verschiedenen Gruppen in unserer Firma angestellt haben, soll dieses Thema in den nächsten Wochen weiter behandelt werden.

In der nächsten Sitzung sollen zwei Ziele verfolgt werden:

- Sammeln und Formulieren aller wichtigen offenen Fragen in der Zusammenarbeit zwischen Meistern und Ingenieuren;
- Entwicklung von ersten Maßnahmen, wie die gesammelten und formulierten offenen Fragen zwischen Meistern und Ingenieuren weiterbearbeitet werden können.

Der genaue Ablauf der Sitzung wird zu Beginn von den Teilnehmern zusammen mit der Moderatorin festgelegt.

Die Veranstaltung findet statt am ... in Raum ... von Gebäude ... Beginn ist 14:00 Uhr, geplantes Ende 20:00 Uhr.

Die Veranstaltung wird moderiert von Frau .... von der *train* GmbH. Sie wird Sie zu Beginn der Sitzung über ihre Person und ihre Rolle als Moderatorin informieren.

Sollten Sie bis zum Beginn der Sitzung noch Fragen haben, wenden Sie sich bitte an mich oder direkt an die Moderatorin (Telefon, E-Mail).

Ich wünsche Ihnen und der Gruppe eine intensive und erfolgreiche Arbeitssitzung.

Kapitel 8
Der Ablauf einer moderierten Arbeitssitzung

In der Praxis lassen sich viele Möglichkeiten beobachten, eine moderierte Sitzung zu eröffnen, durchzuführen und zu beenden. Die meisten Moderatoren entwickeln im Laufe der Zeit ihre eigene Vorgehensweise, mit der sie erfolgreich arbeiten.

Wir wollen Ihnen ein sehr ausführliches Phasenmodell für den Einstieg, den Hauptteil und den Schlussteil einer moderierten Arbeitssitzung anbieten. Es kann als Vorlage für die eigene Praxis dienen und sollte auf jeden Fall situations- und gruppenabhängig verändert und angepasst werden.

In der folgenden Darstellung wird in die verschiedenen Moderations- beziehungsweise Gruppenarbeitsverfahren, wie zum Beispiel das »Karten-Antwort-Verfahren«, jeweils nur knapp eingeführt, um den Lesefluss nicht zu beeinträchtigen. Ausführlich vorgestellt und jeweils als Checklisten für die Praxis aufbereitet, finden sich alle Verfahren in Kapitel 9.

Einleitungsteil

> **Übersicht über die einzelnen Schritte**
>
> - Begrüßung, persönliche Vorstellung;
> - Anlass und Hintergrund der Gruppenarbeit/Sitzung;
> - Kurzdarstellung der Moderationsmethode und der Rolle des Moderators;
> - Bereitschaft der Gruppe abklären, sich auf die Moderationsmethode und die Person des Moderators einzulassen;
> - das zu Beginn der Sitzung vorliegende Ziel für die moderierte Sitzung vorstellen und mit der Gruppe abklären beziehungsweise das Ziel der Sitzung durch die Gruppe erarbeiten und formulieren lassen;
> - Stimmungen und Einstellungen der Teilnehmer abfragen;
> - Erwartungen der Teilnehmer an die Sitzung abfragen;
> - Spielregeln für den Umgang der Teilnehmer miteinander vereinbaren;
> - Fragenspeicher vorstellen;
> - Ablauf der Sitzung und Zeitrahmen klären.

Begrüßung und persönliche Vorstellung

Eine freundliche Begrüßung ist der erste Schritt zu einem offenen und konstruktiven Arbeitsklima. Ist der Moderator den Teilnehmern der Sitzung nicht bekannt, empfiehlt sich an dieser Stelle eine kurze persönliche Vorstellung.

Anlass und Hintergrund der Sitzung

Es kommt immer wieder vor, dass den Teilnehmern Anlass und Hintergrund der Veranstaltung nicht ausreichend bekannt sind. Bevor sie sich aktiv auf einen Arbeitsprozess einlassen können, wollen sie aber wissen, warum die Sitzung einberufen wurde, was vorher geschehen ist und was in dieser Veranstaltung alles erreicht werden soll. Dieser Informationsteil kann vom Moderator, von geladenen Experten, Gruppenmitgliedern selbst oder vom Auftraggeber übernommen werden.

Methode und Moderator

Viele kennen die klassische Besprechungsleitung. Wenig vertraut sind sie jedoch mit einem Vorgehen, in dem der Moderator sich bewusst inhaltlich unparteiisch und personenbezogen neutral verhält und die Gruppe »lediglich« methodisch unterstützt. Fremd ist ihnen oft auch ein Vorgehen, bei dem sie selbst die Verantwortung für die Inhalte tragen und sich dabei nicht hinter einem Leiter »verstecken« können.

Für Gruppen ohne Moderationserfahrung ist es daher notwendig, sowohl die Methode als auch die Rollenaufteilung zwischen Moderator und Gruppe zu erläutern. An dieser Stelle kann der Moderator erläutern, unter welchen Bedingungen er auch einmal inhaltlich Stellung bezieht und wie er diesen Rollenwechsel vornehmen wird (vgl. Exkurs auf Seite 133 ff.). Damit können Irritationen während des Arbeitsprozesses vermieden werden. Diese Vorstellung kann je nach Länge der gesamten Arbeitssitzung sehr kurz – zwei bis drei Minuten – oder bei längeren Workshops, wie in unserem Beispiel, auch ausführlich und daher etwas länger erfolgen.

In *unserem Beispiel* hat die Moderatorin für die Teilnehmer zwei Visualisierungen vorbereitet: ein Textblatt und eine kleine Grafik.

Textblatt und Diagramm beinhalten folgende Punkte:

> Als **Arbeitsgruppe** sind Sie
>
> - verantwortlich für die Qualität des inhaltlichen Ergebnisses,
> - mitverantwortlich für die Zielverfolgung, das Einhalten der vereinbarten Regeln und des vereinbarten Zeitplans,
> - mit verantwortlich für das Arbeitsklima in der Sitzung.
>
> Als **Moderatorin**
>
> - bin ich inhaltlich unparteiisch und personenbezogen neutral,
> - bin ich verantwortlich für das Angebot an Arbeitsverfahren und deren regelgerechte Durchführung,
> - mache ich Ihnen Vorschläge für Regeln, die den Umgang untereinander während der Arbeitssitzung unterstützen, und helfe Ihnen dabei, derartige Regeln bei Bedarf selbst zu formulieren und zu vereinbaren,
> - schlage ich Ihnen einen Zeitplan für Ihre Sitzung vor,
> - unterstütze ich Sie bei der Zielverfolgung und weise Sie bei Abweichungen auf dem Weg zum Ziel darauf hin,
> - teile ich Ihnen die Situationen mit, bei denen ich den Eindruck habe, dass Störungen die Zielerreichung gefährden. So können Sie entscheiden, wie Sie weiter fortfahren wollen. Dazu werde ich Ihnen auch Vorschläge machen.

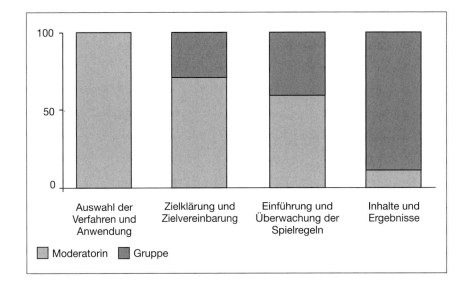

Gruppen, deren Mitglieder noch nie mit der Moderation in Berührung gekommen sind, entfachen an dieser Stelle in der Praxis häufig Diskussionen über Sinn, Effizienz und Praxisangemessenheit eines solchen Vorgehens beziehungsweise dieser Rollenverteilung. Erfahrene Moderatoren nehmen sich an dieser Stelle Zeit und begründen die Hintergründe und die Chancen der Methode. Bei Unklarheiten bieten sie weitere Informationen an, beantworten offene Fragen und gehen auf mögliche Einwände und Befürchtungen ein. Gleichzeitig werben sie in der Gruppe dafür, sich auf diese Praxiserfahrung einzulassen. Sollten die Widerstände – was in der Praxis jedoch immer seltener vorkommt – gegen eine Moderation zu groß sein, kann sie nicht stattfinden. Der Moderator wird dann sein Angebot, die Gruppe zu begleiten, zurücknehmen müssen.

Eine Moderation kann auch dann nicht gelingen, wenn – aus welchen Gründen auch immer – der Moderator selbst keine Akzeptanz bei den Teilnehmern findet. Daher klären Moderatoren – unabhängig von ihren Vorgesprächen während der Vorbereitung – zu Beginn der ersten Sitzung kurz mit der Gruppe ab, ob und welche möglichen Bedenken es gegen die Person des Moderators in der Gruppe gibt. Dies kann mit einer direkten Frage erfolgen »Wo sehen Sie Bedenken in unserer Zusammenarbeit?« oder mit einer indirekten »Welche Informationen benötigen Sie noch über mich, bevor wir weitermachen?«. Auch hier geben sie auf Nachfrage zusätzliche Informationen und beantworten anstehende Fragen.

Zielvorstellung und Zielvereinbarung

Auch wenn den Teilnehmern das Ziel der Sitzung aus der Einladung bekannt sein sollte oder wenn es bei der Diskussion von Hintergrund und Anlass der Veranstaltung schon kurz thematisiert wurde, so ist es vor Beginn der eigentlichen inhaltlichen Arbeit unverzichtbar, über das genaue Ziel der Veranstaltung in der Gruppe Einverständnis herzustellen. Dies geschieht möglichst schriftlich auf dem Flipchart oder einer Tafel. Der Moderator klärt dann mit den Teilnehmern, ob diese Zielstellung von allen verstanden wird und wo noch Fragen sind.

Für den Fall, dass ein vorgegebenes Ziel in der Gruppe nicht akzeptiert wird, kann eine Um- oder Neuformulierung vereinbart werden. Dabei wird auch zur Sprache kommen, unter welchen Bedingungen eine solche Zielveränderung überhaupt »in der Macht« der Gruppe liegt. In der Praxis kann ein von einem Auftraggeber vorgegebenes Ziel nicht beliebig verändert werden. Veränderungen, die im Sinne des Auftrags sind, können jedoch vorgenommen werden. Hier gilt es für den Moderator, die Gruppe eindringlich auf die Bedeutung einer Zielveränderung hinzuweisen. Hat die Gruppe gegen das Ziel Bedenken, will es jedoch nicht verändern, sollte sie Klarheit darüber herstellen, wie mit dem vorgegebenen Ziel dennoch produktiv gearbeitet werden kann.

Dieses Vorgehen mag auf den ersten Blick umständlich und sogar kleinlich erscheinen. Wir werben jedoch eindringlich dafür, die Zielbestimmung und -vereinbarung so sorgfältig wie möglich zu gestalten. Denn aus Erfahrung wissen wir, wie chaotisch und ergebnislos Sitzungen verlaufen können, in denen entweder das Ziel für alle Gruppenmitglieder nicht gleichermaßen verständlich war oder von einigen Teilnehmern nicht akzeptiert wurde.

Die endgültige Zielformulierung bleibt während des gesamten Arbeitsprozesses für alle sichtbar visualisiert. Dies erleichtert der Gruppe und dem Moderator die Arbeit erheblich.

Das Ziel erarbeitet die Gruppe

In den Fällen, in denen das Ziel einer Arbeitssitzung von der Gruppe selbst formuliert werden kann, wird der Moderator diesen Prozess unterstützen. Beispielsweise sammelt er erste Formulierungsvorschläge, die in der Gruppe diskutiert werden und die er auf dem Flipchart mitschreibt. Die Gruppe verständigt sich auf eine abschließende Formulierung.

Das erarbeitete Ziel sollte drei Mindestforderungen genügen:
- Es sollte von allen Gruppenteilnehmern gleichermaßen verstanden werden. Es muss also eindeutig formuliert und für alle sichtbar visualisiert werden.
- Es sollte von allen Teilnehmern der Sitzung akzeptiert, zumindest jedoch nicht konterkariert werden. Es erschwert die Arbeit, wenn Personen in einer Gruppe mitarbeiten sollen, die an einer bestimmten Zielerreichung überhaupt nicht interessiert sind.
- Es sollte in der zur Verfügung stehenden Zeit wirklich realistisch zu bearbeiten sein.

Stimmungen und Einstellungen der Teilnehmer

In *unserem Beispiel* weiß die Moderatorin von ihrem Auftraggeber, dass die erste Sitzung mit den Meistern und Ingenieuren relativ problematisch verlief. Sie vermutet, dass die Teilnehmer der heutigen Sitzung eher mit gemischten Gefühlen an die Arbeit gehen und vielleicht sogar mit Vorurteilen dem Treffen gegenüberstehen. Deshalb hat sie sich entschlossen, die Stimmungslage der Gruppe für alle transparent zu machen. Die Gruppe soll einen Eindruck von der »Gefühlslandschaft« bekommen, in der sie die Arbeit beginnt. Dadurch lassen sich möglicherweise Störungen im Vorfeld bearbeiten sowie die Bereitschaft zur Mitarbeit verstärken. Dieser Überlegungen teilt sie der Gruppe auch mit. Aus Erfahrung weiß sie, dass eine Stimmungsabfrage nur gelingt, wenn die Gruppe über den Hintergrund und die Ziele dieses Verfahrens genau informiert ist.

Als Methode wählt sie das »Ein-Punkt-Verfahren«. Die Teilnehmer haben die Möglichkeit, auf ein zweidimensionales Feld einen Punkt zu kleben und damit Stellung zu zwei von der Moderatorin angebotenen Fragen zu beziehen. Das Punkten kann auch anonym erfolgen, dann haben die Achsen Skalierungen und die Teilnehmer schreiben auf die Klebepunkte zwei Zahlen (beispielsweise »2/8« für den linken Punkt auf unserer Abbildung). In diesem Fall sammelt die Moderatorin die Punkte ein und klebt sie auf die Wand.

Die Teilnehmer kleben ihre Punkte auf das vorbereitete Plakat. Das Ergebnis sieht folgendermaßen aus:

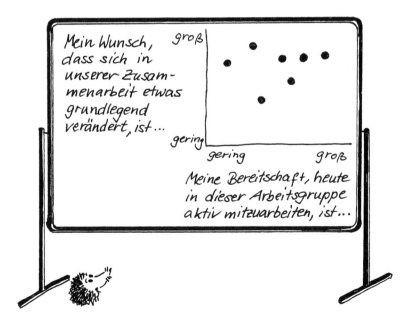

Die Moderatorin bittet die Teilnehmer um kurze Stellungnahmen zum Gesamtbild. In der Sammlung wird deutlich, dass es zum einen einen relativ eindeutigen »Leidensdruck« in Richtung Veränderungen gibt. Zum anderen wird die Bereitschaft zur Mitarbeit differenziert gesehen. Einige meinen, dass Veränderungen in dieser Firma sowieso nicht stattfinden würden, wieso sollte man sich also besonders engagieren. Andere dagegen sehen nach den Vorgesprächen mit dem Vorgesetzten und in der Einberufung dieses in ihren Augen aufwendig gestalteten Treffens ein positives Signal für Veränderungen und wollen die Chance auch nutzen. Nach diesem Meinungsaustausch fragt die Moderatorin danach, was es im Hinblick auf die von ihr mitgeschriebenen Bilderläuterungen noch zu besprechen oder zu regeln gibt, damit alle engagiert weiterarbeiten können. Erst dann kann mit der Gruppensitzung fortgefahren werden. Die Gruppe sieht im Moment keinen akuten Handlungsbedarf und beschließt, mit dem nächsten Schritt weiterzumachen.

In vielen moderierten Sitzungen im betrieblichen Alltag unterbleibt eine Stimmungs- oder Einstellungsabfrage. Oft lässt eine knappe Zeitvorgabe für eine Sitzung, beispielsweise eine Stunde, kaum Raum für einen Prozess, der sich nicht auf die Minute genau planen lässt. Oft traut sich aber auch der Moderator nicht an Fragen heran, die Gefühle auslösen und und richtig »Stimmung machen« können. Letztlich entscheidet der Moderator, ob er zu Beginn einer Sitzung eine Stimmungsabfrage machen möchte oder nicht.

Unsere Empfehlung: Sollte sich der Moderator für eine Stimmungsabfrage entscheiden, sollte er unbedingt dieses Verfahren sorgfältig planen, also die Fragen an die Teilnehmer genau überlegen und visualisieren, das Verfahren mit Hintergrund und Ziel erläutern und nach dem Auswerten auch nach Konsequenzen für das weitere Vorgehen fragen. Nur dann entfaltet eine Stimmungsabfrage ihre Stärken: Gefühle und Einstellungen der Gruppenmitglieder dem inhaltlichen Thema gegenüber werden für alle Teilnehmer am Arbeitsprozess transparent. Denn in der Regel sind es diese Gefühle und Einstellungen, die die Behandlung der Inhalte massiv beeinflussen. Und diese inhaltliche Behandlung erfolgt in vielen Gruppen störungsfreier, wenn Klarheit darüber besteht, wie es den Einzelnen mit dem Thema, der Gruppe oder der Sitzung geht.

Diese Klarheit gilt natürlich für die Teilnehmer selbst, die sich in der Gruppe verorten können, aber auch für den Moderator, der ausgehend vom Stimmungsbild erste Hinweise auf mögliche Störungen im Verlauf des Arbeitsprozesses bekommt und diesen frühzeitig entgegenarbeiten kann.

Als Alternative zur Ein-Punkt-Abfrage bietet sich für eine Stimmungsabfrage auch das Blitzlicht an (siehe Kapitel 9).

Erwartungen der Teilnehmer

Die Teilnehmer einer Sitzung haben Erwartungen an das, was dort geschehen soll. Zwar hört man gelegentlich die Aussage: »Ich habe keine Erwartungen, ich warte einmal ab, was kommt«, aber auch das ist häufig nur eine Umschreibung der Erwartung, »in den nächsten Minuten von den anderen oder der Leitung Interessantes geboten zu bekommen«.

Transparente Erwartungen helfen den *Gruppenmitgliedern*,

- zu verstehen, wofür sich die Einzelnen engagieren; dadurch kann ein offener Meinungsaustausch gefördert werden;
- zu erkennen, wo es Überschneidungen mit den eigenen Erwartungen gibt: »Ich bin in diesem Punkt nicht allein, es gibt andere, denen geht es genauso«;
- zu erkennen, wo es Minderheitenerwartungen gibt, mit denen sich die Gruppe beschäftigen sollte.

Für den *Moderator* ist die Kenntnis der Erwartungen deshalb wichtig, weil er

- die Verfahren, die er anbieten will, auf diese Erwartungen ausrichten und
- auf eine mögliche Diskrepanz zwischen den Erwartungen der Teilnehmer und deren Realisierung in der Sitzung (beispielsweise wegen Zeitknappheit) aufmerksam machen kann.

Werden Erwartungen zu Beginn der Sitzung geäußert, wird der Moderator am Ende im Rahmen eines Erwartungsabgleiches darauf zurückkommen, um der Gruppe einen Eindruck über das Erreichte zu vermitteln.

Die Erwartungsabfrage kann mit verschiedenen Verfahren durchgeführt werden, beispielsweise mit dem Karten-Antwort-Verfahren oder dem Zuruf-Antwort-Verfahren.

Regeln

Regeln, die den Umgang der Gruppenmitglieder untereinander unterstützen, können zu Beginn einer Sitzung oder im Laufe der Arbeit formuliert und vereinbart werden.

In *unserem Beispiel* beschließt die Moderatorin, zu Beginn der Sitzung noch keine Regeln vorzugeben. Sie hat zwar eine Liste mit Vorschlägen vorbereitet, will aber erst im Arbeitsprozess entscheiden, ob sie die Gruppe darauf ansprechen wird. Der Grund dafür: Sie hat in ihrer Praxis gute Erfahrungen mit Regeln gemacht, die, ausgelöst durch konkrete Probleme während des Arbeitens (Vielredner lassen andere nicht zu Wort kommen, gegenseitig werden Meinungen nicht beachtet, immer wieder weichen Teilnehmer vom roten Faden ab), von der Gruppe selbst formuliert und vereinbart wurden.

Fragenspeicher

Die Moderatorin stellt den Teilnehmern kurz den Fragenspeicher vor, ein leeres Flipchartblatt, auf dem als Überschrift »Fragenspeicher« steht. Sämtliche Fragen, aber auch Einwände und »Killerargumente«, die während des gesamten Arbeitsprozesses auftreten und nicht sofort beantwortet oder geklärt werden können. – »Wir können gar nicht weiterarbeiten, bevor wir nicht wissen, ob IT für diesen Prozess überhaupt Kapazitäten reserviert hat«, werden für alle sichtbar aufgeschrieben und damit »geparkt«, beispielsweise: »Kapazitäten bei IT klären«.

In vielen Arbeitsgruppen hat sie die Erfahrung gemacht, dass sie mit diesem Hilfsmittel sehr viele Störungen aus dem aktuellen Arbeitsfluss herausnehmen kann. Die Anliegen der jeweiligen Teilnehmer werden ernst genommen, aufgeschrieben und am Ende der Sitzung aufgegriffen und sorgfältig bearbeitet.

Ablauf der Sitzung und Zeitrahmen

Die Moderatorin stellt der Gruppe schließlich ihren Vorschlag für den Ablauf der inhaltlichen Arbeit vor, erläutert und begründet die einzelnen Teilschritte und den geschätzten Zeitaufwand für die Bearbeitung. Anschließend holt sie das Einverständnis der Gruppe für dieses Vorgehen ein: »Ist dieses Vorgehen so okay für Sie?« oder »Welche Fragen haben Sie noch zum Vorgehen?« Gibt es Bedenken gegen einzelne Schritte oder Verfahren, begründet die Moderatorin noch einmal die Wahl ihres Vorschlags. Sie ist aber auch in der Lage, alternative Vorgehensweisen anzubieten. Je erfahrener ein Moderator ist, desto mehr methodische Vorgehensweisen und Arbeitsverfahren kann er aus seinem Werkzeugkoffer anbieten.

In unserem Beispiel dauern sämtliche Einführungsschritte zusammen insgesamt etwa 45 Minuten.

Haupttteil

Im Hauptteil einer moderierten Gruppenarbeit erfolgt die eigentliche inhaltliche Bearbeitung des jeweiligen Themas. Die besondere Herausforderung für einen Moderator besteht zum einen darin, Arbeitsschritte und Arbeitsverfahren anzubieten, die einen lebendigen und auf das Ziel hin ausgerichteten Arbeitsverlauf ermöglichen. Zum anderen muss er in der Lage sein, konkrete Formulierungsvorschläge für Arbeitsfragen zu machen, die »auf den Punkt genau« die Handlungen anstoßen, die wirklich notwendig sind, um das anvisierte Ziel oder Teilziel zu erreichen.

In der Praxis kommt es vor, dass mit Hilfe einzelner Moderationsverfahren eine Menge an Informationen erzeugt wird, mit denen in kurzer Zeit nicht mehr sinnvoll gearbeitet werden kann. Beispiel: Zehn Teilnehmer schreiben jeweils zehn Karten zu drei Fragen, macht 300 Karten. Häufig stehen Informationen auch nur in lockerem Zusammenhang zum eingangs vereinbarten Ziel, zum Beispiel wenn die Arbeitsfrage für das Kartenschreiben zu unspezifisch formuliert wurde: »Was fällt uns alles zum Thema ›Meister und Ingenieure‹ ein?«

Der Moderator muss sich also in seiner Vorbereitung genau überlegen, welche Arbeitsschritte, welche Verfahren und vor allem welche Fragen in der zur Verfügung stehenden Zeit am besten zum Ziel führen. Weniger Komplexität ist oft sinnvoller als große »Kartenschlachten«.

Wir wollen eine Möglichkeit, den Hauptteil einer moderierten Sitzung zu gestalten, an *unserem Beispiel* illustrieren. Die ausführliche Beschreibung von Zweck, Vorgehensweise und Besonderheiten der jeweiligen Arbeitsverfahren findet sich in Kapitel 9.

Vorgehen im Hauptteil

Die in *unserem Beispiel* gewählte Möglichkeit, den Hauptteil einer moderierten Sitzung zu strukturieren, sieht folgendermaßen aus:

- Sammeln von Themen und Informationen (hier: Fragen oder Probleme).
- Sortieren der gesammelten Informationen. Bilden von inhaltlich zusammenhängenden Informationsgruppen/Clustern.
- Kleingruppenarbeit: Verdichten der in den gebildeten Clustern enthaltenen Informationen.
- Bilden einer Rangreihe aller verdichteten Formulierungen.
- Plenumsdiskussion: strukturierte Ideensammlung zu ersten Umsetzungsschritten in der Praxis.

Für das erste Ziel – »Sammeln und Formulieren aller zurzeit offenen Fragen in der Zusammenarbeit zwischen Meistern und Ingenieuren« – schlägt die Moderatorin zuerst das Karten-Antwort-Verfahren vor. Damit sollen Themen, Fragen oder Probleme gesammelt und anschließend zu inhaltsverwandten Gruppen, also Clustern zusammengefasst werden.

Die Moderatorin erläutert der Gruppe Ziel, Ablauf, Zeitansatz und Regeln dieses Verfahrens (siehe Kapitel 9). Sie klärt offene Fragen zur Durchführung und schlägt als Arbeitsfrage vor: »Welche zurzeit offenen Fragen und Themen, die die Zusammenarbeit zwischen Meistern und Ingenieuren behindern, müssen aus meiner Sicht in unserer Firma bearbeitet werden?«

Die Sitzungsteilnehmer erhalten Karten, auf denen sie ihre Antworten schreiben können. Die Moderatorin weist besonders darauf hin, dass die Antworten so verständlich wie möglich formuliert werden, damit jede Karte ohne Erläuterungen des Kartenschreibers von allen in der Gruppe verstanden und weiterverarbeitet werden kann. Sie weiß aus Erfahrung, dass die meisten Teilnehmer mit dieser Regel die größten Probleme haben. Häufig werden Karten geschrieben, deren genaue Bedeutung erst mühsam in der Gruppe diskutiert oder vom Schreiber mündlich erläutert werden muss. Diskussionsschleifen wie: »Was heißt das denn, wenn auf der Karte steht ›Zeitverzögerung‹?« »Was bedeutet …?« »Nein, ich glaube, das meint etwas anderes …!« »Wer hat denn diese Karte geschrieben?« – kosten Zeit und können durch eine selbst-verständliche Formulierung vermieden werden.

Nach etwa zehn Minuten sammelt die Moderatorin alle geschriebenen Karten ein. Sie werden zu Clustern (gelegentlich auch »Gruppen« oder »Klumpen« genannt) zusammengefasst. Die Moderatorin liest dafür die einzelnen Antworten vor, und die Teilnehmer entscheiden gemeinsam, welche Karten zu Gruppen zusammengehören. Jede neu vorgelesene Karte wird so einer der gebildeten Gruppen an der Pinnwand zugeordnet oder bildet die erste Karte einer neuen Gruppe. Auf diese Weise entstehen recht schnell verschiedene Themenbereiche.

Die Entscheidung über die Zuordnung der einzelnen Karten fällt die Gruppe. Die Moderatorin hält sich aus der inhaltlichen Diskussion vollständig heraus. Sie gibt keine Entscheidungshilfen für das Zuordnen, äußert keine Interpretationen, wie sie persönlich den Inhalte einer Karte versteht. Sie wiederholt die unterschiedlichen Meinungen in der Gruppe, fasst Entscheidungen zusammen und stellt immer wieder Fragen, die zur Klärung offener Punkte beitragen.

Für die Bildung der Kartengruppen bekommt die Gruppe 30 Minuten Zeit. Bei komplexeren Fragestellungen und einem breiten Meinungsspektrum, sowie engagierten Teilnehmern kann dieser Prozess auch gut doppelt oder dreimal so lange dauern. (Für eine schnellere Vorgehensmöglichkeit siehe Seite 89.)

Während der Zuordnung der Karten kommt es in der Gruppe immer wieder zu Diskussionen. Verschiedene Personen haben unterschiedliche Zuordnungsprinzipien, einzelne Teilnehmerfraktionen konkurrieren mit anderen. In dieser Phase achtet die Moderatorin besonders darauf, dass sie ihre inhaltliche Unparteilichkeit und personenbezogene Neutralität strikt einhält und sich nicht »vor den Karren« einzelner Meinungsmacher, Vorgesetzter, Mehrheiten oder auch Minderheiten »spannen« lässt.

Im Verlauf der Diskussion treten auch Fragen auf, die im aktuellen Arbeitsschritt keinen Platz haben. Beispielsweise die Frage danach, wie eine befreundete Zulieferfirma die Kommunikation zwischen Meistern und Ingenieuren geregelt hat. Eines der Gruppenmitglieder hatte gehört, dass »die ähnliche Probleme hatten und sie super gelöst haben ...«

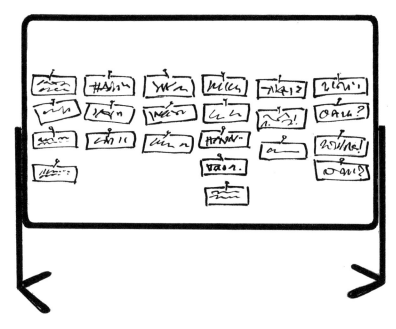

Da diese Frage im Augenblick nicht beantwortet werden kann und soll, schlägt die Moderatorin vor, sie im Fragenspeicher zu parken. Dazu wird die Frage aufgeschrieben und sichtbar an die Wand gehängt. Am Ende der Moderation soll entschieden werden, wie mit dem Punkt weiter verfahren wird.

Nachdem alle Karten einer Themengruppe zugeordnet und auf diese Weise sechs Gruppen entstanden sind, schlägt die Moderatorin den nächsten Arbeitsschritt vor. Zu jeder Gruppe soll mindestens eine konkrete Fragestellung formuliert werden, die jeweils den Inhalt möglichst vieler Karten der Gruppe aufnimmt. Auf diese Weise sollen sämtliche Themen, die in den einzelnen Gruppen enthalten sind, als Fragen formuliert für die weitere Bearbeitung aufbereitet werden.

Da die Moderatorin aus Erfahrung weiß, dass diese Arbeit im Plenum selbst mit sieben Teilnehmern sehr zeitaufwendig ist, schlägt sie die Bildung von zwei Kleingruppen vor, gemischt aus Meistern und Ingenieuren. Jede Gruppe bekommt drei Kartengruppen und erarbeitet Formulierungsvorschläge, die sie dann im Plenum vorstellt und zusammen mit den anderen diskutiert. Ziel und Ablauf der Kleingruppenarbeit werden von der Moderatorin sorgfältig erklärt. Sie schlägt als Arbeitsauftrag vor: »Formulieren Sie für jede Kartengruppe mindestens eine Fragestellung, die den Sinngehalt möglichst aller/vieler Karten wiedergibt.«

Zur Unterstützung der Kleingruppenarbeit hat die Moderatorin ein Angebot an Hilfsregeln visualisiert:

- Nicht auf einen – zeitraubenden – hundertprozentigen Konsens hinarbeiten, sondern die Meinungsvielfalt in der Gruppe dokumentieren.
- Momentan nicht lösbare Meinungsunterschiede als solche kennzeichnen.
- Rollenverteilungen in der Gruppe klären: Wer koordiniert den Arbeitsprozess, wer schreibt mit, wer präsentiert später das Ergebnis?

Auch für die Kleingruppenarbeit bekommen die Gruppen wieder 30 Minuten Zeit.

Vertreter aus den Kleingruppen stellen im Anschluss an die Sitzung die Formulierungen der Fragen vor und berichten über offene Diskussionspunkte. Die Gesamtgruppe diskutiert die Frageformulierungen, ergänzt sie und »verabschiedet« dabei jeweils eine von allen getragene Formulierung. Auf diese Weise entstehen elf Fragestellungen und Problembereiche, die die zentralen »Knackpunkte« in der aktuellen Zusammenarbeit zwischen Meistern und Ingenieuren widerspiegeln.

Mit diesen vom Plenum verabschiedeten ausformulierten Fragestellungen haben die Teilnehmer das erste Ziel ihres Arbeitstreffens erreicht, das »Sammeln und Formulieren aller zurzeit offenen Fragen in der Zusammenarbeit zwischen Meistern und Ingenieuren«.

Für die kurzen Präsentationen und die anschließende Diskussion hat die Moderatorin eine Stunde vorgesehen.

Aus der Gruppe kommt anschließend der Wunsch, die einzelnen Fragestellungen nicht nur einfach untereinander zu schreiben, sondern sie nach Wichtigkeit zu ordnen. »Wir sind ja hier quasi als Experten tätig. Unser Arbeitgeber kann dann aus der Reihenfolge unsere Empfehlung ablesen, was wir als wichtigste Punkte zuerst angehen würden«, so einer der Meister. Die Moderatorin bietet der Gruppe für diesen Schritt ein besonderes Arbeitsverfahren an, das Gewichtungsverfahren. Gleichzeitig macht sie darauf aufmerksam, dass dessen Durchführung rund 20 Minuten dauern würde. Die Gruppe beschließt, diese »Zeitinvestition« zu tätigen.

Die Moderatorin erläutert die Vorgehensweise und das Ziel des Gewichtungsverfahrens. Mit der Gruppe klärt sie, nach welchem Kriterium die Rangreihe erstellt werden soll. Die Gruppe beschließt, dass danach gewichtet werden soll, welche Fragen die Einzelnen als besonders dringend erachten. Die Reihenfolge kann vom Vorgesetzten als Empfehlung gelesen werden, welche Themen vorrangig weiterverfolgt werden sollten.

Die Moderatorin stellt die bisher erstellte Liste mit den verschiedenen Fragebereichen noch einmal vor. Für die Bewertung durch die Gruppenmitglieder hat sie die Bewertungsfrage visualisiert. Sie muss verständlich und eindeutig formuliert sein, damit allen das Kriterium, nach dem bewertet werden soll, gleichermaßen klar ist. Die aktuelle Bewertungsfrage lautet: »Welche der erarbeiteten Fragestellungen behindern aus meiner Sicht die Zusammenarbeit zwischen Meistern und Ingenieuren zurzeit am meisten und sollten daher vorrangig angegangen werden?«

Jeder Teilnehmer erhält sechs Klebepunkte und klebt diese in eine Spalte neben die seines Erachtens wichtigen Formulierungen. Die Moderatorin schlägt vor, dass höchstens drei Punkte auf eine Wahlmöglichkeit gehäufelt werden können. Auf diese Weise können die Teilnehmer Fragestellungen hervorheben, die für sie besonders wichtig sind. Nach dem Kleben zählen die Teilnehmer die Punkte aus und bilden so eine Rangfolge.

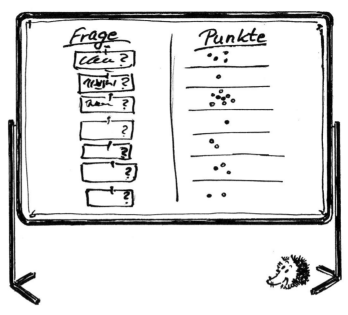

Sollte sich die Moderatorin dafür entscheiden, die Bildung der Rangreihe anonym zu gestalten, könnte sie die einzelnen Themen durchnummerieren und die Teilnehmer bitten, auf die Punkte die Nummer ihrer Wahl zu schreiben. Die Punkte werden eingesammelt und von der Moderatorin und helfenden Gruppenmitgliedern aufgeklebt. So wird beispielsweise vermieden, dass in einer konfliktreichen Situation ein Teilnehmer wartet, bis alle anderen ihre Punkte geklebt haben, um dann mit seiner Wahl möglicherweise als »Zünglein an der Waage« das Ergebnis in seine Richtung zu beeinflussen. Und noch ein kleiner, praktischer Tipp: Um auf keinen Fall Verwechslungen und Unstimmigkeiten aufkommen zu lassen, empfiehlt die Moderatorin die Zahlen 6 und 9 eindeutig als solche mit einem kleinen Punkt zu kennzeichnen, also 6. und 9. Damit kann nichts mehr schief gehen.

Insgesamt hat die Gruppe im Einleitungsteil bisher rund dreieinhalb Stunden gearbeitet. Sie beschließt eine zwanzigminütige Pause.

Das nächste Ziel der Sitzung besteht in der »Entwicklung von ersten Umsetzungsideen darüber, wie die gesammelten und formulierten offenen Fragen in der Zusammenarbeit zwischen Meistern und Ingenieuren weiterbearbeitet werden können«.

Für die Entwicklung eines ersten Katalogs lassen sich verschiedene Vorgehensweisen denken. Während ihrer Vorbereitung hatte die Moderatorin auch für diesen Schritt zunächst an eine Gruppenarbeit gedacht.

Zwei Kleingruppen, diesmal eine reine Ingenieur- und eine reine Meistergruppe, erhalten vier Arbeitsfragen, die sie für ausgewählte Fragestellungen – beispielsweise die zwei bis drei am höchsten gewichteten – beantworten sollen:

Erste Alternative

❶ Welches Vorgehen ist für die weitere Bearbeitung der jeweiligen Fragestellung denkbar?
❷ Was können wir als Meister (beziehungsweise als Ingenieure) bei der weiteren Bearbeitung der Fragestellung leisten?
❸ Was sollten die anderen, die Ingenieure (beziehungsweise die Meister) bei der weiteren Bearbeitung der Fragestellung tun?
❹ Wo sehen wir die Aufgaben unseres Vorgesetzten bei der Bearbeitung der Fragestellung?

Die Ergebnisse ergeben – im Plenum zusammengeführt – einen sehr differenzierten Vorgehensvorschlag für jede einzelne Fragestellung.

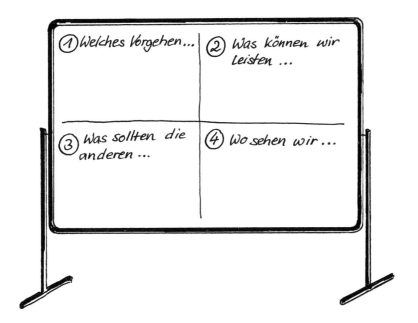

Zweite Alternative

Da eine solche Kleingruppenarbeit mit anschließendem Abstimmungsprozess sehr zeitaufwendig wäre, schlägt die Moderatorin eine strukturierte Ideensammlung zu sämtlichen Fragestellungen im Plenum vor. Zu jeder Fragestellung, angefangen mit der am höchsten gewichteten, sollen in einer moderierten Diskussion erste Ideen gesammelt werden. Die Fragen dazu:

1. Wie könnten erste Schritte bei der Bearbeitung der jeweiligen Fragestellung aussehen?
2. Welche Ziele sollten diese ersten Bearbeitungsschritte verfolgen?
3. Wer sollte an der weiteren Bearbeitung der jeweiligen Fragestellung aus Sicht der Arbeitsgruppe unbedingt beteiligt sein?
4. Welcher Zeitrahmen sollte für die hier angedachten ersten Schritte vorgesehen werden?

Die Moderatorin schreibt die Ergebnisse der kurzen Diskussionen mit. In dieser Diskussion muss es nicht um einen Konsens in allen Fragen gehen. Ziel ist eine von der Gruppe erstellte strukturierte Ideensammlung zu den verschiedenen Fragen. Diese Ideensammlung soll dem Vorgesetzen als Hilfsmittel dienen, wie mit den verschiedenen Problembereichen weiter verfahren werden kann.

Die Moderatorin schreibt die Ergebnisse für jede Frage auf eine eigene Pinnwandseite. So hat sie genügend Platz und kann das gesamte Blatt später abfotografieren und für die Dokumentation nutzen.

Für die Behandlung eines jeden Fragebereichs hat die Moderatorin circa zehn bis 15 Minuten vorgesehen. Sie schlägt vor, 90 Minuten für die Bearbeitung der fünf wichtigsten Fragebereiche zu investieren. Nach einer anschließenden kurzen Pause stehen dann noch etwa 30 Minuten für die Abschlussphase der Moderation zur Verfügung.

Sie weiß, dass dieser Zeitansatz sehr »sportlich« ist und von ihr ein Höchstmaß an Konzentration und Engagement erfordert. Sie möchte aber auf jeden Fall zu möglichst vielen Fragestellungen eine erste Meinungsbildung erzeugen und Ausblicke für die Zukunft schaffen. Dies erklärt sie auch den Anwesenden und bittet diese, sie dabei tatkräftig zu unterstützen.

Abschlussteil

> **Übersicht über die einzelnen Schritte**
>
> - Abarbeiten des angelegten Fragenspeichers;
> - Aktionsplan beziehungsweise Maßnahmenplan;
> - Abgleich der Erwartungen und Stimmungsabfrage;
> - Rückmeldungen zur erlebten Moderation;
> - Beenden der Moderation, Verabschieden der Gruppe.

Fragenspeicher

Für den Fall, dass während der Moderation ein Fragenspeicher angelegt wurde, in den alle Fragen geschrieben wurden, die im laufenden Prozess bisher keinen Platz gefunden hatten, werden diese Fragen jetzt nacheinander durchgearbeitet. Die Erfahrung zeigt, dass sich einige der Fragen und offenen Punkte im Laufe der Diskussion bereits geklärt haben und einfach abgehakt werden können. Andere Fragen lassen sich jetzt, nach den gemachten Erfahrungen in den einzelnen Arbeitsschritten, schnell und zufriedenstellend beantworten. Für alle noch offen bleibenden Punkte werden Maßnahmen beschlossen: »Wer kümmert sich um das Thema und berichtet wem über die gesammelten Informationen?«

In *unserem Beispiel* wurde folgende Frage geparkt: »Wie ist unsere befreundete Zulieferfirma mit einem ähnlichen Problem umgegangen?« Zwei Teilnehmer erklärten sich dazu bereit, erste Informationen über das Vorgehen bei der Zulieferfirma einzuholen. Das Ergebnis soll – auf einer Seite zusammengefasst – sowohl den Teilnehmern der Sitzung als auch dem Vorgesetzten zugeschickt werden.

Aktionsplan beziehungsweise Maßnahmenplan

In der Praxis sind viele Besprechungen plötzlich zu Ende, und keiner der Beteiligten weiß so recht, wie es weitergeht. Der eine oder andere möchte es vielleicht auch gar nicht wissen: »Nur schnell weg hier, bevor ich noch etwas machen muss.«

Daher gilt: Jede Sitzung, jede Besprechung, jede Gruppenarbeit muss zu einem Aktionsplan kommen.

Dabei werden folgende Fragen beantwortet:

- Welche konkreten Schritte werden im Anschluss an die Sitzung angegangen?
- Wer macht was, bis wann, mit welcher/wessen Unterstützung?

Bei Maßnahmen, die sich über einen längeren Zeitraum erstrecken, hat es sich als hilfreich erwiesen, einen »Paten« zu benennen, der die einzelnen Verantwortlichen immer wieder einmal an das Umsetzen der vereinbarten Vorhaben erinnert und über Zwischenziele und Termine spricht.

Der Aktionsplan sollte immer schriftlich festgelegt sein und als erste Seite des Protokolls an jeden Teilnehmer verteilt werden.

In unserem Beispiel hat die Moderatorin die Vorlage für den Maßnahmenplan schon auf einem Plakat vorbereitet. Nach fünfzehnminütiger Diskussion sieht der Aktionsplan folgendermaßen aus:

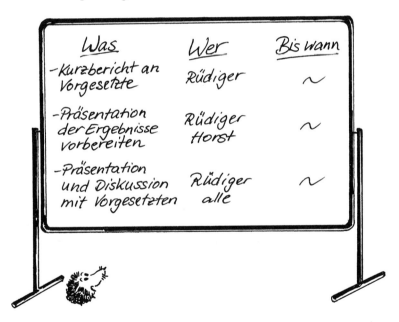

Abgleich der Erwartungen und Stimmungsabfrage

Wenn, wie in unserem Beispiel, zu Beginn einer Arbeitssitzung die Erwartungen der Teilnehmer abgefragt wurden, dann sollte zum Schluss der Veranstaltung noch einmal Bezug darauf genommen werden.

Die Arbeitsfragen dazu können lauten:

- Welche Erwartungen wurden erfüllt?
- Welche Erwartungen wurden nicht erfüllt?
- Was gibt es aus Sicht der Gruppe daher noch zu tun?

Gemeinsam kann die Gruppe jetzt überlegen, welche Erwartungen bis zu welchem Grad erfüllt wurden und wie mit den nicht erfüllten Erwartungen umgegangen werden soll: »Was ist noch offen, und wie wollen wir weiter mit den einzelnen Erwartungen umgehen?«

Jedes Gruppenmitglied kann für sich prüfen, inwieweit seine Erwartungen erfüllt wurden und was es dazu während der Sitzung getan oder unterlassen hat. Und es kann ebenfalls prüfen, was es konkret jetzt oder im Anschluss an die Sitzung tun muss, um noch »auf seine Kosten« zu kommen, und was es vielleicht in zukünftigen Sitzungen anders machen wird, damit die eigenen Erwartungen in der Gruppe besser berücksichtigt werden.

Dem Moderator schließlich hilft dieser Abgleich zu klären, wo seine methodische Begleitung zum Erfüllen der Erwartungen beigetragen hat und wo nicht. Daraus kann er für sein zukünftiges Vorgehen lernen.

Während ein solcher Erwartungsabgleich die inhaltlichen Erwartungen reflektiert, besteht die Möglichkeit, auch die Zufriedenheit der Teilnehmer mit dem gesamten Ablauf des Treffens abzubilden. Beispielsweise mit Hilfe einer Ein-Punkt-Abfrage. Die einfachste Möglichkeit ist das Punkten auf einer Skala, zum Beispiel nach folgender Frage:

Für den Fall, dass das Punkten anonym erfolgen soll, legt die Moderatorin eine Skala mit Werten von 1 = ☹ bis 10 = ☺ an. Die Teilnehmer schreiben ihre Zahlen auf die Klebepunkte, die die Moderatorin einsammelt und anklebt.

Etwas differenzierter und aussagekräftiger ist die Ein-Punkt-Abfrage auf einem zweidimensionalen Feld. Auch diese Stimmungsabfrage nach Beendigung der inhaltlichen Arbeit muss von der Moderatorin sorgfältig eingeführt werden, um nicht als »sinnloses Punktekleben« missverstanden zu werden. So wird sie Ziel und Zweck dieses Schrittes erläutern, erklären, warum sie das Punkten anonym oder offen gestaltet, dann Verständnisfragen beantworten und schließlich die Punkte verteilen.

Zwei Aussagen, die sich in *unserem Beispiel* anbieten könnten:

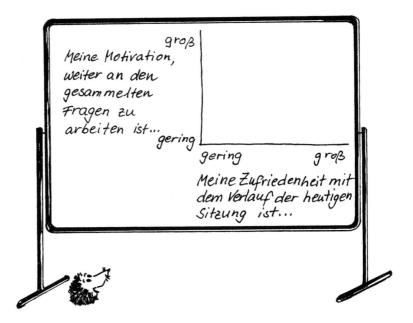

Ein weiteres Aussagenpaar könnte sein:
- Die Zusammenarbeit zwischen Meistern und Ingenieuren heute empfand ich …
    … ermutigend
    … nicht so toll
- Meine Zufriedenheit mit dem erarbeiteten inhaltlichen Ergebnis ist …
    … gering
    … groß

Die Teilnehmer bekommen auch hier die Möglichkeit, das Gesamtbild zu kommentieren, und die Gruppe wird kurz diskutieren, welche Folgerungen sie aus dem Ergebnis der Stimmungsabfrage – beispielsweise für weitere Sitzungen oder für mögliche nächste Arbeitsschritte – zieht. Solche Folgerungen werden von der Moderatorin mitgeschrieben und in das Protokoll integriert.

Rückmeldungen zur erlebten Moderation

Die Veranstaltung ist – fast – beendet, die Ergebnisse liegen fest. Die »Hausaufgaben« wurden verteilt, die Erwartungen abgeglichen, Stimmungen abgebildet und Folgemaßnahmen vereinbart. Jetzt finden die Teilnehmer – hoffentlich – noch Zeit, die Perspektive zu wechseln und laut über die Sitzung selbst, über die angewandte Methode, über das Verhalten des Moderators oder der Gruppe nachzudenken und dies in Rückmeldungen zu formulieren. »Hoffentlich« deshalb, weil eine solche Rückmelderunde in der betrieblichen und sonstigen Praxis eine unschätzbare Chance ist, bei allen Beteiligten methodische Kompetenzen in Sachen Gruppenarbeit und Moderation weiterzuentwickeln.

Für die Rückmelderunde sollten eine, höchstens zwei Fragen formuliert und visualisiert werden. Hier einige Möglichkeiten:

Mögliche Fragen zur Rückmeldung nach einer erlebten Moderation

- Wie zufrieden bin ich mit dem Arbeitsprozess in der Gruppe? Was hat mir besonders gefallen? Was will ich beim nächsten Mal anders machen?
- Welche Wünsche habe ich an die anderen Gruppenteilnehmer?
- Wie hat mir die Moderationsmethode gefallen als Möglichkeit, Arbeitsgruppen zu begleiten? Was hat mir insgesamt besonders gefallen? Was sollte beim nächsten Mal anders gemacht werden?
- Wie hat die Moderationsmethode zur Zielerreichung beigetragen? Was hat mir dabei besonders gefallen? Was sollte beim nächsten Mal anders gemacht werden?
- Was möchte ich dem Moderator, der Moderatorin zurückmelden? Was hat mir gefallen, was wünsche ich mir beim nächsten Mal anders?

Oder allgemeiner:
- Was hat mir gut gefallen, was sollte also beim nächsten Mal auf jeden Fall beibehalten werden?
- Was hat mir nicht so gut gefallen, was sollte beim nächsten Mal anders gemacht werden?

Beenden der Moderation und Verabschiedung der Gruppe

»*Bisher habe ich Sie in der Rolle als Moderatorin methodisch begleitet. Diese Rolle gebe ich nun mit Abschluss der Moderation auf. Bedanken möchte ich mich bei Ihnen, dass Sie mir die Gelegenheit gegeben haben, Ihren Prozess zu begleiten ... Sie haben zu Ihrem Thema vielfältige Fragestellungen und Probleme identifiziert und in eine Reihenfolge gebracht. Damit hat Ihr Auftraggeber einen guten Überblick über den Stand der Dinge bekommen. Zusätzlich haben Sie zu ... Punkten erste Umsetzungsanregungen erarbeitet. Damit kann das Thema zügig weiterbearbeitet werden. Sie haben mir die Arbeit als Moderatorin dadurch leicht gemacht, dass Sie ...*

Für weitere Fragen zu meiner Arbeit oder zur Methode, aber auch nur zu einem lockeren Plausch stehe ich Ihnen beim Abendessen gerne zur Verfügung ...«

Nachbereitung

Wie in jeder anderen Besprechung oder Arbeitssitzung, ist es wichtig, die Ergebnisse der moderierten Sitzung zu protokollieren. Nur so geht nichts verloren, kann die Erledigung der vereinbarten Maßnahmen überprüft werden und können Dritte einen Überblick über das inhaltliche Geschehen während der Sitzung bekommen.

Generell empfehlen wir für die Erstellung des Protokolls: so wenig wie möglich, so viel wie nötig.

Zwei Möglichkeiten gibt es für ein solches Protokoll:

- Das *Verlaufsprotokoll*: Es werden sämtliche im Verlauf der moderierten Sitzung erstellten Visualisierungen abfotografiert, als Datei gespeichert und verschickt. Dies hilft den Gruppenmitgliedern, sich den Verlauf der Sitzung und das Zustandekommen der Ergebnisse noch einmal in Erinnerung zu rufen. Diese Form der Prozessdokumentation kann die Akzeptanz der Ergebnisse zusätzlich fördern, an deren Zustandekommen man ja aktiv beteiligt war. In der Praxis hat es sich als sinnvoll erwiesen, nach Beendigung der Arbeitssitzung kurz zusammen mit der Gruppe die Visualisierungen zu bestimmen, die fotografiert und verschickt werden sollen. Das erspart ein Zuviel an Informationen.
- Eine Alternative zum Verlaufsprotokoll ist das *Ergebnisprotokoll*: Hier werden nur die Ergebnisse der Arbeitssitzung in übersichtlicher Form möglichst noch während der Sitzung festgehalten. Oft ist dieses Protokoll inhaltsgleich mit dem Aktionsplan und wird von der gesamten Gruppe am Ende der Sitzung verabschiedet. Ein »Nachkarten« kann durch dieses Vorgehen weitgehend vermieden werden.

Kapitel 9
Verfahren der Moderation: Arbeitshilfen für die Praxis

In den vorherigen Kapiteln haben wir immer wieder den Einsatz verschiedener Verfahren während einer moderierten Sitzung angesprochen – die Verfahren aus dem Werkzeugkoffer des Moderators. Welche dieser vielen Verfahren er auswählt und der Gruppe im Laufe des Arbeitsprozesses vorschlägt, hängt ab von Ziel, Thematik, Gruppengröße und von der zur Verfügung stehenden Zeit.

Wir empfehlen, zu Beginn einer Moderationskarriere mit möglichst vielen Verfahren Erfahrungen zu sammeln, um ihre vielfältigen Stärken und Besonderheiten kennenzulernen.

Auf den folgenden Seiten wollen wir Verfahren vorstellen, die sich in der Praxis in vielen Moderationen bewährt haben. Die Vorstellung folgt der Struktur:

- Zweck des Verfahrens,
- Vorgehensweise,
- Besonderheiten, die bei der Anwendung zu beachten sind.

»*So eine Übersicht ist eine gute Idee. Wenn ich mich in den nächsten Monaten als Moderatorin ausbilden lasse, brauche ich dann bei der Vorbereitung meiner ersten ›Meister-Ingenieur-Moderation‹ nur noch das jeweilige Verfahren auszusuchen. Ich schreibe mir dann auf, was ich beachten muss und gestalte für die Gruppe eine Visualisierung mit Zielen, Ablauf und Regeln des jeweiligen Verfahrens.*«

»*Genau so können Sie es machen. Nur eines dürfen Sie bei aller Begeisterung für die verschiedenen Verfahren nicht vergessen: Ihr bloßer Einsatz macht, so hilfreich sie auch sind, noch keine Moderation aus. Denken Sie* bei der Vorbereitung und dem Einsatz aller Verfahren, die Sie aus diesem Buch auswählen oder die Sie später selbst entwickeln, immer auch an Ihre Haltung als Moderatorin: Sie sind inhaltlich unparteiisch und personenbezogen neutral und unterstützen bei allem, was sie tun, die Gruppe auf ihrem Weg zum Ziel. Nur wenn sie nach diesen Grundsätzen eine Moderation durchführen, können die folgenden Verfahren auch ihre ganze Stärke entfalten. Und natürlich nur, wenn Sie den Einsatz der einzelnen Verfahren sorgfältig vorbereiten und sie systematisch einführen. Dabei können die folgenden Hinweise helfen.«

Die systematische Einführung in ein Moderationsverfahren

- Begründen, warum ein bestimmtes Verfahren durchgeführt werden soll.
- Ziel des Verfahrens vorstellen.
- Ablauf des Verfahrens, die einzelnen Schritte und die besonderen Verfahrensregeln vorstellen.
- Zeiten mit der Gruppe vereinbaren.
- Die konkrete Arbeitsaufgabe stellen; die Arbeitsfrage visualisieren und vorlesen.
- Das Verständnis bei den Teilnehmern sichern.
- Das Einverständnis (die Akzeptanz) für das Verfahren bei den Teilnehmern sichern.
- Anfangen.

Folgende Verfahren werden dargestellt:

Ein-Punkt-Abfrage	S. 85f.
Blitzlicht	S. 87f.
Karten-Antwort-Verfahren und Gruppenbildung	S. 89ff.
Zuruf-Antwort-Verfahren	S. 93f.
Gewichtungsverfahren	S. 95ff.
Diskussion	S. 98f.
Kleingruppenarbeit	S. 100f.
Brainstorming	S. 102f.
Fragenspeicher	S. 104
Maßnahmenplan	S. 105f.
Quellen für weitere Verfahren	S. 107f.

Die Formulierung von Arbeitsfragen in moderierten Sitzungen

Arbeitsfragen – gelegentlich werden sie auch Transparenzfragen genannt – setzen eine Handlung in Gang. Beispielsweise denken die Gruppenmitglieder in eine bestimmte Richtung, sammeln Ideen zu einem genannten Themenbereich, bilden eine Rangreihe nach einem bestimmten Kriterium, entscheiden sich aufgrund eines besonderen Auswahlkriteriums für eine Möglichkeit und gegen eine andere.

Arbeitsfragen, die sehr allgemein formuliert sind – »Was fällt mir alles zum Thema Meister und Ingenieure ein?« –, können ein sehr großes Antwortspektrum erzeugen. Die Komplexität kann für die Zielerreichung in einem konkreten Arbeitsschritt zu groß und teilweise unbrauchbar sein.

Arbeitsfragen, die sehr spezifisch formuliert sind – »An welche Probleme zwischen Meistern und Ingenieuren erinnere ich mich, wenn ich an das Vorbereitungstreffen für das Teilprojekt X am letzten Freitag denke?« –, erzeugen ein eher enges Antwortspektrum. Dieses Spektrum kann wiederum zu wenig neue und kreative Anregungen beinhalten. Es wäre dann zu mager für das, was mit dem anstehenden Arbeitsschritt von der Gruppe erreicht werden sollte.

Daraus folgt:

- Arbeitsfragen sollten so sorgfältig wie möglich formuliert werden. Sie müssen genau in die Richtung zielen, die mit dem Arbeitsschritt erreicht werden soll.
- Sie müssen eindeutig formuliert und für alle gleich verständlich sein. Es sollten Einzelfragen und keine Doppel- oder Dreifachfragen sein.
- Aus unserer Erfahrung heraus sollten sie eher etwas enger als weiter formuliert werden. Es ist im Zweifelsfall einfacher, in einem zusätzlichen Arbeitsschritt die noch benötigte Komplexität hinzuzufügen als einmal erzeugte Komplexität schnell sinnvoll zu reduzieren.
- Kluge Moderatoren schreiben sich die Arbeitsfragen auf und spielen sie im Kopf einmal aus der Perspektive der Teilnehmer durch: »Welche Art von Antworten bekomme ich, wenn die Frage lautet …?«
- Arbeitsfragen sollten offen formuliert werden, also W-Fragen sein: »Was werden wir …? Wie stellen wir sicher …? Welche Mittel benötige ich …?«
- Arbeitsfragen sollten die Perspektive der Gruppe/der Gruppenteilnehmer einnehmen: »Was möchten wir …? Was halte ich …?«
- Arbeitsfragen sollten aufgeschrieben und für die ganze Gruppe gut lesbar dargestellt sein.

Ein-Punkt-Abfrage

Zweck der Ein-Punkt-Abfrage

- Einen ersten, eher »spielerischen« Kontakt mit dem Thema, den Teilnehmern untereinander und der Gruppe ermöglichen;
- eine erste Problem- und Themenorientierung schaffen;
- verborgene Interessen der Gruppe transparent machen;
- Stimmungen in der Gruppe bewusst machen.

Dieses Verfahren eignet sich immer dann, wenn es darum geht, ein erstes, vielleicht noch grobes Bild der Stimmungen, Haltungen, Erwartungen, Meinungen oder Einschätzungen in einer Gruppe als Momentaufnahme zu erhalten. Das Ein-Punkt-Verfahren wird häufig zu Beginn oder am Ende von Gruppensitzungen eingesetzt.

Vorgehensweise

- Der Moderator erklärt Zweck und Ziel dieses Arbeitsschrittes im Rahmen des gesamten Arbeitsprozesses, beispielsweise: »Aus welchem Grund und mit welchem Ziel biete ich Ihnen zu Beginn unserer Sitzung eine Stimmungsfrage an?«
- Die Arbeitsfrage und ein ein- oder zweidimensionales Antwortraster sind auf einem Flipchart vorbereitet.
- Die Dimensionen des Antwortrasters werden kurz erklärt, Teilnehmerfragen beantwortet.
- Jeder Teilnehmer bekommt einen Klebepunkt mit der Bitte, ihn an die von ihm gewählte Stelle zu setzen.
- Das entstandene »Bild« wird kurz besprochen.
- Mögliche Fragen dazu sind: »Wie stellt sich das Ergebnis für Sie dar?« »Wer möchte etwas dazu sagen?« »Was drücken diese Punkte für Sie aus?«
- Die Antworten werden mitgeschrieben.
- Der Moderator fragt nach Konsequenzen, die sich aus dem Bild beispielsweise für den nächsten Arbeitsschritt, die weitere Arbeit in der Gruppe, die Arbeitsfähigkeit der Teilnehmer ergeben: »Ausgehend von Ihrem Bild, was müssen wir noch tun, um engagiert mit der Arbeit loslegen zu können?«

Dauer: 10–30 Minuten.

Besonders zu beachten

- Eine Ein-Punkt-Abfrage ist keine »nette Aufwärmübung« zu Beginn einer Arbeitssitzung. Daher muss der Moderator sich vor dem Einsatz genau überlegen, mit welchem Ziel er Punkte kleben lässt. Das Erstellen eines Stimmungsbildes muss Konsequenzen beispielsweise für den weiteren Arbeitsprozess haben. Die Intention: »nur einmal ein Stimmungsbild zu erstellen«, läuft Gefahr als »Psychoübung« missverstanden und abgelehnt zu werden.
- Erst »punkten« lassen, wenn alle Teilnehmer einen Punkt bekommen haben.
- Das Punkten kann natürlich auch anonym erfolgen; indem beispielsweise die Pinnwand umgedreht wird oder indem die Antwortdimensionen skaliert sind, und die Teilnehmer ihre Position auf die Klebepunkte schreiben. Die Klebepunkte werden dann vom Moderator nach dem Einsammeln angeklebt.
- Die Arbeitsfrage soll möglichst aktivierend, offen und in der Ich-Form formuliert werden.
- Die Abfrage kann später wiederholt werden. Die Bilder werden dabei ergänzt – beispielsweise bei der Vorher-Nachher-Abfrage.

Mögliche Fragestellungen für eine Stimmungsabfrage mit der Ein-Punkt-Abfrage:

- Stimmungsfragen zum allgemeinen Befinden: »Wie geht es mir im Moment?«
- Stimmungsfragen zur Arbeitsfähigkeit in der konkreten Situation: »Wie fühle ich mich heute Nachmittag zu Beginn dieser Arbeitssitzung?« »Wie sieht meine Motivation zur Mitarbeit in der Sitzung heute aus?« »Wie geht es mir dabei, wenn ich an das heute zu bearbeitende Thema denke?«
- Einstellungsfragen zur Thematik: »Wie sehr interessiert mich das heute behandelte Thema?«, »Wie sehr bin ich an einer Veränderung von ... interessiert?«

Blitzlicht

Zweck des Blitzlichtes

- Es sollen eine Momentaufnahme von persönlichen »Stimmungen« in der Gruppe erstellt und individuelle Bedürfnisse, Wünsche, Gefühle oder Gedanken transparent gemacht werden.
- Das Blitzlicht ermöglicht den einzelnen Gruppenmitgliedern, ihre subjektive Befindlichkeit mitzuteilen und sich diese in Verbindung mit den Gefühlen und Stimmungen der anderen Teilnehmer bewusst zu machen.
- Der Moderator kann sich durch das Blitzlicht ein Bild davon machen, wie es der Gruppe gerade geht. Dazu ist es wichtig, auch für die nicht (laut) gesagten Dinge sensibel zu sein.

Vorgehensweise

- Der Moderator erklärt Zweck und Ziel des Blitzlichts zu dem von ihm gewählten Zeitpunkt im Arbeitsprozess, beispielsweise: »Ich möchte Ihnen ein Blitzlicht anbieten, um …«
- Der Moderator (es können auch die Gruppenteilnehmer selbst sein) formuliert eine Frage, zu der die Teilnehmer aus ihrer persönlichen Sicht Stellung nehmen sollen.
- *Beispiele:* »Wenn ich an die Art der Diskussion heute denke, was bewegt mich da jetzt besonders?« (am Abend nach dem ersten Arbeitstag) »Wenn ich an die Ergebnisse denke, die wir bisher erzielt haben, was stellt mich da zufrieden und wo habe ich noch Magenschmerzen?«
- Irgendein Gruppenmitglied beginnt mit seiner kurzen Aussage (Blitzlicht!) zur Frage, dann schließen sich die anderen der Reihe nach an. Wer im Moment nichts sagen möchte, teilt dies mit.
- Es gibt während der Runde keine Stellungnahmen zu beziehungsweise Diskussionen über einzelne Aussagen.
- Nach dem Blitzlicht muss keine inhaltliche Diskussion über das Gesagte erfolgen, es kann so »im Raum stehen bleiben«. Der Moderator fragt aber auch hier, wie bei der Ein-Punkt-Abfrage, nach möglichen Konsequenzen aus der Blitzlichtrunde für das weitere Vorgehen.

Dauer: 20–30 Minuten (mit Aussprache: etwa 60 Minuten).

Wichtig: Auch wenn der Moderator inhaltlich neutral bleibt, so ist er doch Teil des gesamten Gruppenprozesses. Richtet sich das Blitzlicht auf diesen Gruppenarbeitsprozess (z.B. bei der Leitfrage »Wie fühle ich mich heute zu Beginn des Arbeitstages?«), so nimmt der Moderator daran teil. Er muss selbst entscheiden, wann sich die Fragen im Blitzlicht zu stark auf inhaltliche Aspekte der Arbeit beziehen. In diesen Fällen hält er sich zurück. In jedem Fall überwacht er aber die Einhaltung der vereinbarten Regeln.

Besonders zu beachten

- Der Moderator achtet darauf, dass jeder nur über sich selbst spricht, über seine Erfahrungen und seine Wahrnehmungen (»Ich«- statt »Man«-Regel).
- Über die Äußerungen der einzelnen Teilnehmer wird während der Runde nicht diskutiert. Sie bleiben als persönliches »Blitzlicht« unkommentiert im Raum stehen.
- Dieses Verfahren wird von erfahrenen Moderatoren eingesetzt, wenn sie Spannungen oder latente Störungen wahrnehmen, die den zielgerichteten Arbeitsprozess massiv behindern können oder schon behindern. In diesen Fällen sollte ausreichend Zeit für die Diskussion und mögliche Bearbeitung von Störungen reserviert werden.

Karten-Antwort-Verfahren und Gruppenbildung

(Sortieren, Clustern oder Klumpen)

Zweck der Verfahren

- Anonymes Sammeln und gemeinschaftliches Sortieren von:
  - Themen,
  - Meinungen/Haltungen,
  - Erwartungen,
  - Ideen/Vorschlägen,
  - Lösungsansätzen.

Vorgehensweise

- Der Moderator erläutert Zweck und Ziel des Verfahrens.
- Der Moderator stellt die visualisierte Arbeitsfrage.
- Die Teilnehmer erhalten genügend Zeit, um ihre Antworten auf Karten zu schreiben.
- Der Moderator sammelt die Karten ein und liest sie nacheinander kommentarlos vor.
- Die Teilnehmer entscheiden, welche Karten zusammengehören. (Dies geschieht über Assoziationen.) Der Moderator sortiert diese und fügt sie zu Gruppen/»Klumpen« zusammen.

Alternative 1: Die gesamte Gruppe steht an der Pinnwand und fasst in einem ersten Schritt gemeinsam die Karten zu Gruppen zusammen. Strittige Zuordnungen werden mit dem Moderator und allen Anwesenden im Plenum geklärt.

Alternative 2: Aus der Gruppe erklären sich zwei bis vier Teilnehmer bereit, sehr schnell eine erste grobe Gruppenbildung durchzuführen. Im zweiten Schritt versammelt sich die ganze Gruppe vor den Pinnwänden und klärt gemeinsam noch strittige Zuordnungen.

- Die gebildeten Klumpen werden eingerahmt und mit Überschriften versehen, die das Gemeinsame der Beiträge widerspiegeln.

- Anschließend kann mit den Gruppen beziehungsweise Überschriften weitergearbeitet werden. Beispielsweise können sie gewichtet oder zu Arbeitsaufgaben umformuliert werden, die dann in Kleingruppen weiterbearbeitet werden.

Dauer: 60 Minuten (je nach Fragestellung und Vorgehen beim Clustern).

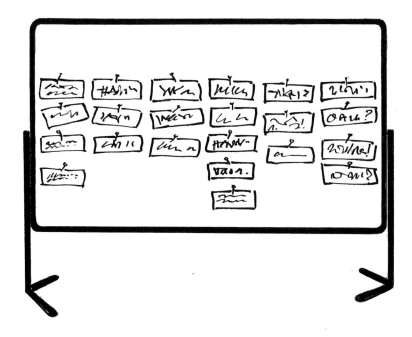

Besonders zu beachten

Beim Karten-Antwort-Verfahren
- Die Arbeitsfrage muss auf das Ziel des Arbeitsschrittes ausgerichtet sein. Sie muss eindeutig, für alle verständlich und so präzise wie möglich formuliert werden.
- Die Anonymität der Kartenschreiber sollte nur freiwillig von diesen selbst aufgehoben werden.
- Auf jeder Karte sollte nur eine Idee, ein Vorschlag stehen, damit die Karten zu Gruppen sortiert werden können.
- Möglichst »selbst-verständlich« formulieren (Hauptwort mit Verb oder knappe Sätze).
- »Laut und deutlich« schreiben.

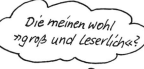

Beim Klumpen
- Dem Sinn nach ähnliche Karten zusammenhängen.
- Karten können gedoppelt/kopiert werden.
- Karten können eine Zeit lang »geparkt« werden, bis mehr Klarheit über die Art der Gruppen und damit die Zuordnung besteht.
- Umordnen der Karten ist möglich.
- Die genannten Zuordnungsvorschläge von den Teilnehmern begründen lassen.
- Unklare Karten durch die Gruppe erklären lassen (oder durch den Kartenschreiber, wenn dieser dazu bereit ist).
- Die Zuordnung im Konsens treffen.
- Keine Karte wegwerfen. Auch ähnlich formulierte Karten verwenden (zusammenstecken), sie können auf inhaltliche Schwerpunkte hinweisen. Außerdem ist es ein Zeichen von Wertschätzung den Gruppenteilnehmern gegenüber, dass jede Karte gleich behandelt wird.
- Nachdem in einer Gruppe mehrere Karten hängen, vorläufige Überschriften finden, um das weitere Zuordnen zu erleichtern.

Wenn nur wenig Zeit zur Verfügung steht oder wenn bei großen Gruppen mit einer sehr großen Anzahl von geschriebenen Karten gerechnet werden muss, kann es Sinn machen, die Zahl der einzusammelnden Karten zu begrenzen. Der Moderator bietet der Gruppe an, zunächst beliebig viele Karten zu schreiben, um dann vor dem Einsammeln die für die Einzelnen persönlich wichtigen – beispielsweise drei oder fünf – Karten auszuwählen. Ein solches Vorgehen muss aber mit der Gruppe abgesprochen werden, da sonst die Enttäuschung bei Einzelnen groß sein kann: »Erst schreibe ich so viele tolle Antworten, und dann will sie keiner haben!« Eine mögliche Alternative: Die Karten von Kleingruppen (zwei oder drei Teilnehmer) schreiben lassen.

Anonymität
Aus der Anonymität heraustreten und zu ihren eigenen Karten Stellung beziehen sollten Kartenschreiber – wenn überhaupt – nur freiwillig. Das Karten-Antwort-Verfahren gestattet es ausdrücklich, dass Kartenschreiber anonym bleiben können. Dies ist besonders in Gruppen wichtig, die mit Vertretern unterschiedlicher Hierarchiestufen besetzt sind.

Vorsicht vor Komplexität
Mit diesem Verfahren gelingt es leicht, durch die Anzahl der Karten eine schier unübersehbare Komplexität auf den Pinnwänden zu erzeugen. Meistens be-

kommen die Klumpen dann sehr allgemein gehaltene Überschriften, mit denen weitergearbeitet wird. Der Ideenreichtum in den Karten bleibt dabei auf der Strecke. Es ist Aufgabe eines erfahrenen Moderators, vorher zu überlegen, wie viel Komplexität entstehen und wie die Gruppe damit weiterarbeiten kann. Beispielsweise lassen sich Kartengruppen in einem gesonderten Arbeitsschritt so verdichten, dass die Ideenvielfalt größtenteils erhalten bleibt. Oder die Ideensammlung auf den Karten wird in einem späteren Arbeitsschritt noch einmal aufgegriffen, zum Beispiel als »Gegencheck« zu den bis dahin erarbeiteten Lösungen.

Verschwommenheit von Überschriften
Vor allem bei moderationsungeübten Gruppen geschieht es häufig, dass als Überschriften lediglich einzelne Schlagworte genannt werden. Hier muss der Moderator um Konkretisierung bemüht sein. Ein günstiges Kriterium für diese Konkretisierungsarbeit ist: »Wie können wir die Überschrift so formulieren, dass wir auch morgen noch das dazugehörige Spektrum eindeutig erkennen?« Alternative: Für die Überschriften nur komplette Aussagen oder Fragen zulassen. Vorsicht bei »Filmtiteln«, die zwar bunt klingen, aber nach der nächsten Pause niemanden mehr daran erinnern, was damit eigentlich ausgedrückt werden soll.

Es geht beim Clustern um Leben oder Tod
Das könnte man manchmal meinen, wenn man die Verbissenheit beobachtet, mit der in vielen Gruppen um die »richtige« Zuordnung einzelner Karten zu Clustern gerungen wird. Das Ergebnis ist ein immenser Zeitaufwand für die Bildung der Kartencluster. Ist dieser Zeitaufwand in jedem Fall gerechtfertigt? »Ja«, wenn es beispielsweise in einem weiteren Arbeitsschritt darum gehen wird, für jedes einzelne Cluster Investitionsentscheidungen zu treffen. Dann ist äußerste Sorgfalt angesagt. »Nein«, wenn beispielsweise sämtliche geschriebenen Karten noch bearbeitet werden und es bei der Gruppenbildung lediglich darum geht, das Arbeitspaket übersichtlicher zu gestalten und so die Karten zu bestimmen, die noch heute bearbeitet werden, während die anderen am Folgetag an der Reihe sind. In diesem Fall sollte das Clustern vor allem schnell erfolgen. Der Moderator muss die Gruppe also auf die Bedeutung des Clusterns für den gesamten Arbeitsprozess auf dem Weg zur Zielerreichung hinweisen und in manchen Fällen einfach auch Mut zu nicht perfekten Lösungen machen.

Zuruf-Antwort-Verfahren

Zweck des Zuruf-Antwort-Verfahrens

- Ein unsystematisches, spontanes Sammeln von
  - Themen,
  - Meinungen/Haltungen,
  - Erwartungen,
  - Ideen/Vorschlägen,
  - Lösungsansätzen,
  - Problemen.

- Dieses Verfahren eignet sich immer dann, wenn
  - spontan erste Ideen zu neuen Arbeitsschritten formuliert werden sollen,
  - von den Teilnehmern gegenseitige Anregung gewünscht wird und
  - kein Bedarf an Anonymität besteht.

Vorgehensweise

- Der Moderator erläutert Zweck und Ziel des Verfahrens und erklärt, was mit den gesammelten und aufgeschriebenen Inhalten im Anschluss an die Sammlung weiter geschieht.
- Auf einem Flipchartplakat wird eine Arbeitsfrage visualisiert.
- Die Teilnehmer rufen dem Moderator ihre Antworten zu.
- Dieser oder wenn es geht ein zweiter Moderator schreibt die Beiträge möglichst wortgleich mit (auf Flipchart, Folie, Tafel oder auf leere Karten an einer Pinnwand). Sehr umfangreiche Aussagen lässt er durch die Teilnehmer selbst zusammenfassen.
- Es werden keine Beiträge vom Moderator verändert oder bewertet.

Dauer: 15–30 Minuten.

Besonders zu beachten

Auf eine präzise Frageformulierung achten. Fantasievolle und originelle Antworten sollten möglich sein. In Arbeitsgruppen, in denen noch kein spannungsfreies Arbeiten möglich scheint, sollte der Moderator prüfen, ob er das anonyme Karten-Antwort-Verfahren dem Zuruf-Antwort-Verfahren vorzieht. Wie auch beim Karten-Antwort-Verfahren muss sich der Moderator im Vorfeld überlegen, wie die Gruppe mit den Ergebnissen der Zuruf-Sammlung weiterarbeiten kann (beispielsweise Sortieren der Beiträge, Gewichten, Kleingruppenarbeit).

Ist an eine differenzierte Weiterarbeit gedacht, sollten die Zurufe auf Kärtchen geschrieben werden, die an die Pinnwand geheftet wurden. Für einen ersten Meinungsüberblick reicht die Visualisierung auf dem Flipchart oder auf Folien.

Das Zuruf-Antwort-Verfahren erfordert vom Moderator eine hohe Konzentration. Er muss schreiben, zuhören, gegebenenfalls mehrere gleichzeitig eingebrachte Nennungen wiederholen, im Kopf behalten, dabei mit den Teilnehmern Formulierungen absprechen, die das Gesagte in kurzer Form wiedergeben. So mancher Moderator rutscht dabei unfreiwillig in eine inhaltliche Beteiligung. Gleichzeitig sorgt das Verfahren häufig für einen lebendigen Meinungsaustausch zwischen den Teilnehmern, der beim Kartenschreiben verfahrensbedingt etwas zu kurz kommt.

Gewichtungsverfahren

Zweck des Gewichtungsverfahrens

Mit dem Gewichtungsverfahren können alle Teilnehmer gleichberechtigt unterschiedliche Ideen oder mehrere Möglichkeiten bewerten. Dieses Verfahren erfolgt nonverbal. Es wird bei der Bewertung nicht gesprochen oder gar lauthals verhandelt.

Vorgehensweise bei der Bildung von Reihenfolgen

- Der Moderator erläutert Zweck und Ziel des Verfahrens und erläutert, was mit der durch das Verfahren erstellten Rangliste nun weiter geschieht, welche Bedeutung also diese gewichtete Liste für den gesamten Arbeitsprozess hat.
- Ein im Verlauf der Gruppenarbeit entstandener Themenspeicher (zum Beispiel durch das Karten- oder Zuruf-Antwort-Verfahren) wird noch einmal kurz vorgestellt:

- Der Moderator stellt die visualisierte Bewertungsfrage. Sie muss eindeutig formuliert sein, damit alle Teilnehmer nach demselben Kriterium bewerten. Die Konsequenzen aus der Gewichtung müssen allen offensichtlich sein.
- Der Moderator stellt die Regeln für das Punkten vor. Wird anonym gepunktet, bittet er die Teilnehmer die Zahl der vorher durchnummerierten Wahlmöglichkeiten auf die Klebepunkte zu schreiben.
- Bei (etwa) vier Auswahlmöglichkeiten und mehr macht es Sinn, dass die Teilnehmer mehrere Punkte auf ein Thema kleben dürfen (Faustregel zwei bis maximal drei Punkte pro Wahlmöglichkeit). Damit können die einzelnen Teilnehmer auch die besondere Bedeutung dokumentieren, die sie bestimmten Themen zumessen. Auch diese Regel wird vom Moderator ausdrücklich vorgestellt.
- Die Teilnehmer erhalten Klebepunkte; Faustregel: halb so viele Punkte wie Wahlmöglichkeiten plus eins (n/2+1).
- Die Teilnehmer kleben ihre Wertungen an die dafür vorgesehene Stelle. Wird anonym gepunktet, sammelt der Moderator die Punkte ein, mischt sie und klebt sie an die Wand.
- Die Reihenfolge der bewerteten Punkte, Themen, Anregungen ergibt sich aus der Zahl der geklebten Punkte.

Vorgehensweise bei der Bewertung oder Auswahl von Alternativen

- Für eine konkret und eindeutig formulierte Frage werden Gegensatzpaare und Alternativen gebildet.
- Der Moderator visualisiert die Bewertungsfrage, nach der abgestimmt werden soll, sowie die verschiedenen Alternativen, die zur Entscheidung anstehen.
- Die Teilnehmer erhalten pro Wahlmöglichkeit einen Klebepunkt.
- Wird anonym abgestimmt, werden die Wahlmöglichkeiten nummeriert. Die Teilnehmer schreiben ihre Wahl auf die Punkte.
- Die Summen der vorgenommenen Gewichtungen entscheiden über die Alternativen. Sie geben aber auch eine Übersicht über das Meinungsspektrum in der Gruppe.

Besonderheiten beim Einsatz

- Es wird jeweils nur eine Bewertungsfrage für die Gewichtung gestellt.
- Der Moderator hält sich während des Punktens zurück, gibt keine Kommentare und beobachtet auch nicht, wer aus der Gruppe welche Alternativen gepunktet hat.

Die besondere Stärke des Gewichtungsverfahrens liegt bei der Bildung von Rangreihen. Sie erfolgt zügig, fair (wenn anonym) und findet in der Regel eine hohe Akzeptanz. Dies vor allem deshalb, weil die Verteilung von mehreren Klebepunkten die Teilnehmer zwingt, sich für Alternativen zu öffnen und sich nicht nur auf einen »Favoriten« festzulegen, dessen Abwahl auch schon einmal zu Enttäuschung und Ärger führen kann. Hat man seine Stimmen dagegen mehreren Kandidaten gegeben, ist die Wahrscheinlichkeit groß, dass man zumindest mit einem Punkt auch bei den »Gewinnern« ist.

Diskussion im Rahmen einer Moderation

Während der gesamten moderierten Arbeitssitzung diskutieren die Teilnehmer immer wieder miteinander. Der Moderator unterstützt die Gruppenmitglieder dabei, achtet auf vereinbarte Regeln, macht auf Abweichungen vom Thema aufmerksam, auf mögliche Störungen, die die Arbeit zu blockieren drohen. Zusätzlich zu derartigen immer wieder auftretenden Diskussionen, kann auch für einen bestimmten Zeitraum – beispielsweise 30 Minuten – in der Gruppe gezielt eine bestimmte Fragestellung diskutiert werden. Eine solche moderierte Diskussion kann der Moderator der Gruppe als besonderen Arbeitsschritt anbieten.

Vorgehensweise

- Der Moderator erläutert Zweck und Ziel der Diskussion. Er macht deutlich, dass er die Ergebnisse mitvisualisieren will und erklärt, was mit den gesammelten Ergebnissen weiter geschieht.
- Der Moderator legt zusammen mit der Gruppe den Zeitrahmen für die Diskussion fest.
- Der Moderator kann den Gruppenteilnehmern besondere Spielregeln für die Diskussion anbieten. Diese können sich beziehen auf
  - die Länge der einzelnen Beiträge,
  - die Art des Umgangs miteinander während der Diskussion (»Ich lasse den Vorredner ausreden, bevor ich das Wort ergreife«),
  - die Art der Argumentation (»Bevor ich widerspreche, teile ich zuerst einmal mit, was ich vom anderen verstanden habe«).

  Es hat sich als sinnvoll erwiesen, diese Spielregeln auf Karten zu schreiben und für alle sichtbar aufzuhängen.
- Der Moderator visualisiert das Thema oder die konkrete Fragestellung der Diskussion. Während der Diskussion schreibt er Zwischenergebnisse, Standpunkte oder offene Fragen mit.
- Der Moderator achtet darauf, dass die Diskussion beim eingangs beschlossenen Thema bleibt. Er teilt der Gruppe Abweichungen vom Thema mit.
- Der Moderator versucht, durch Fragen alle Gruppenteilnehmer aktiv am Diskussionsprozess zu beteiligen.
- Der Moderator beschließt die Diskussion, indem er die Ergebnisse zusammenfasst und vorstellt, wie mit ihnen weiter zu verfahren ist.

Der Moderator spiegelt der Gruppe Konflikte, die die gesamte Durchführung der Diskussion zu gefährden drohen. Das bedeutet nicht, dass er auf jeden Zwischenruf eingehen muss. In Diskussionen ist eine gewisse Spontaneität durchaus anregend für einen lebendigen und kreativen Verlauf. Erst wenn keiner mehr zuhört, alle durcheinanderreden und mehr Verbalinjurien als Inhalte geäußert werden, dann ist es Zeit für eine längere Kaffeepause.

Besonders zu beachten

Eine moderierte Diskussion lässt sich vereinfacht beschreiben als normale Diskussion, die moderiert wird. Und doch ist sie alles andere als alltäglich. Der Moderator muss sich bei dem manchmal sehr hektischen Hin und Her von alternativen, kontroversen oder chaotischen Argumenten extrem konzentrieren, darf den roten Faden der Diskussion und die Vielfalt der Meinungen nicht aus den Augen verlieren. Er muss zur richtigen Zeit, wenn beispielsweise die Zahl der verschiedenen Ansichten zu groß wird und keiner mehr »durchzublicken« droht, mit eigenen Worten wiederholen und zusammenfassen – möglichst mit Hilfe von Visualisierungen – und den Diskussionsprozess dadurch wieder übersichtlich gestalten. Und: zu keiner Zeit der Diskussion verletzt er seine inhaltliche Unparteilichkeit oder personenbezogene Neutralität.

Kleingruppenarbeit

Zweck der Kleingruppenarbeit

Während einer moderierten Arbeitssitzung erfolgt eine intensive Problembearbeitung häufig in Kleingruppen mit bis zu fünf Teilnehmern. Damit werden die Effekte, die Großgruppen behindern können, aufgehoben, und auch ruhigeren Teilnehmern bietet sich ein Forum, in dem sie leichter zu Wort kommen können.

Vorgehensweise

- Thema und Ziel der Kleingruppenarbeit werden vorgestellt und visualisiert.
- Die Gruppenmitglieder entscheiden sich für die Mitarbeit in einer der Gruppen.
- Die Teilfragen und vorbereiteten Bearbeitungsschritte, die einen groben Rahmen für die Behandlung des Themas und für die Präsentation der Ergebnisse bilden, werden vorgestellt.
- Während der Gruppenarbeit sollte von den Gruppenmitgliedern möglichst viel mitvisualisiert werden.
- Eine wichtige Regel: Gegensätze müssen nicht ausdiskutiert werden. Unterschiedliche Positionen werden festgehalten und als solche gekennzeichnet; beispielsweise mit einem ★.
- Die Ergebnisse der Gruppenarbeit werden anschließend im Plenum präsentiert.

Dauer für die Gruppenarbeit: je nach Arbeitsumfang 30 bis 60 Minuten.

Besonders zu beachten

- Es können unterschiedliche Themen in verschiedenen Gruppen (arbeitsteilige Gruppenarbeit) oder einzelne Themen von mehreren Gruppen bearbeitet werden (konkurrierende Gruppenarbeit); auch Mischformen sind möglich.
- Die Arbeitsfragen, nach denen die Themen bearbeitet werden, können vom Moderator vorbereitet oder gemeinsam in der Gruppe vereinbart werden.

Vorbereitete Arbeitsfragen und -schritte (»Kleingruppenszenarien«) helfen bei der Verständigung innerhalb der Gruppe und bei der Zusammenführung der Ergebnisse verschiedener Kleingruppen.

- Die Gruppenbildung sollte nach Interesse an der Fragestellung erfolgen. Gruppenbildung nach dem Zufall oder anderen Kriterien (»Schuhgröße«) verhindern die Identifikation mit dem zu bearbeitenden Problem. Interessieren sich mehr als fünf Gruppenmitglieder für ein Thema, so können entweder parallele Gruppen gebildet werden, oder einzelne Teilnehmer entscheiden sich freiwillig für eine andere Gruppe.
- Der Moderator kann die Kleingruppen methodisch beraten, wenn diese das wünschen.

Kleingruppenszenario aus *unserem Beispiel*:

Brainstorming

Zweck des Brainstormings

Das Brainstorming – wohl die bekannteste klassische Kreativitätstechnik – bildet einen besonderen, durch spezifische Regeln gekennzeichneten Rahmen, um das kreative Potenzial aller Teilnehmer bei der Suche nach Problemlösungen zu aktivieren. Es fördert meist eine sehr große Zahl im freien Assoziationsprozess gefundener Lösungen, Anregungen und Ideen. Das Gesamtergebnis enthält erfahrungsgemäß eine Reihe von verwertbaren Ansätzen, über die weiter nachgedacht und die bearbeitet werden müssen.

Vorgehensweise

- Der Moderator erläutert Zweck und Ziel der Kreativitätsmethode. Er stellt auch vor, wie im weiteren Verlauf der Sitzung mit den gesammelten Ideen gearbeitet werden soll.
- Der Moderator nennt das als Frage formulierte Problem oder unterstützt die Gruppe bei der Formulierung der Frage.
- Der Moderator erläutert Hintergründe und die besondere Zielsetzung des Verfahrens und stellt die vier zentralen Regeln vor:
  - Masse geht vor Klasse.
  - Keine Kritik oder Bewertung der Nennungen erlaubt.
  - Kein Copyright, alle Ergebnisse gehören der Gruppe, nicht einem Einzelnen.
  - Jede Assoziation sollte genannt werden, »Spinnen« ist ausdrücklich erlaubt.
- Für den »Ideen-Sturm« kann ein Zeitrahmen vereinbart werden. Erfahrungsgemäß dauert die Sammlung zwischen 15 und 20 Minuten. Wichtig ist hier die Sensibilität des Moderators: Die erste »Ideenflaute« sollte noch überbrückt werden, spätestens bei der dritten sollte die Runde beendet werden.
- Die Teilnehmer »produzieren« ihre Ideen entweder selbst geschrieben auf Karten oder auf Flipchart, Tafel, Folien.
- Der Moderator liest die jeweils gerade geschriebenen Ideen laut vor, damit sie den anderen Teilnehmern als Anregung für die Entwicklung eigener neuer Ideen dienen.

- Kommt es zu längeren Pausen oder ersten »Ideenflauten« sollte der Moderator nochmals die Fragestellung vorlesen oder auch die bisher gesammelten Ideen. Je nach Gruppe und Situation gilt: Stimmung machen ist erlaubt.
- Der Moderator achtet darauf, dass die Regeln strikt eingehalten werden.

Gesamtdauer: 30 Minuten

Besonders zu beachten

In der betrieblichen Praxis firmiert häufig jede Form der Ideensammlung als Brainstorming. Die besondere Leistung dieser Methode – kreative Ideengenerierung – wird jedoch nur erreicht, wenn alle oben genannten Regeln wirklich eingehalten werden. Das gilt besonders für den Freiraum, in dem jede Art von Fantasieren erlaubt ist, und für das Verbot jeglicher Kritik während der Sammlung.

Manche Menschen fühlen sich durch das Nennen der Ideen anderer in der eigenen Kreativität behindert. Sie möchten lieber alleine arbeiten. Zeichnet sich dieser Wunsch in einer Gruppe bei mehereren Teilnehmern ab, kann der Moderator das Vorgehen auch in zwei Phasen gestalten: In der ersten Phase erarbeiten die Teilnehmer in Ruhe für sich so viele Ideen wie möglich. In einer zweiten Phase werden diese in den »Ring geworfen« und als Anregung für ein kreativ-wildes Stürmen nach weiteren Neuigkeiten genutzt.

Nach Beendigung der Sammlungsphase geht es darum, die große Masse an Ideen oder Vorschlägen weiterzubearbeiten. Dies kann beispielsweise durch Gruppenbildung, Bewertung und Aussortieren einzelner Ideen oder durch Umformulieren erfolgen. Der Moderator muss auch beim Einsatz eines Brainstormings exakt überlegen, welche Schritte er der Gruppe für die weitere Arbeit anbietet.

Fragenspeicher

Zweck des Fragenspeichers

Fragen, aber auch Einwände, die während des gesamten Arbeitsprozesses auftreten und nicht sofort beantwortet werden können, werden notiert und an einer extra dafür vorgesehenen Stelle (dem Fragenspeicher) »geparkt«. Damit bekommen manche Störungen in der Gruppe oder besondere Bedürfnisse Einzelner einen angemessenen Platz. Sie gehen nicht verloren oder werden »untergebuttert«. Die so gesammelten Themen und Fragen werden zu einem festgelegten Zeitpunkt (meistens am Ende der Sitzung, gelegentlich auch in einer fest geplanten Folgesitzung) wieder aufgegriffen und bearbeitet.

Vorgehensweise

- Hintergründe und Zweck eines Fragenspeichers werden vom Moderator zu Beginn der Arbeitssitzung eingeführt. Es wird in der Gruppe ein Zeitpunkt festgelegt, an dem der Speicher abgearbeitet wird.
- Können bestimmte Fragen oder Probleme im Verlauf der Arbeitssitzung nicht geklärt werden, oder würde deren Behandlung den Arbeitsprozess oder den Zeitrahmen sprengen, bietet der Moderator an, sie als Frage formuliert in den Speicher aufzunehmen. Der einzelne Teilnehmer oder die Gruppe helfen bei der Formulierung.
- Bevor die moderierte Sitzung beendet wird, muss noch einmal auf die Fragen im Fragenspeicher eingegangen werden. Die Gruppe entscheidet dann, wie sie damit weiter umgehen will: »Was hat sich im Verlauf der letzten Minuten oder Stunden erledigt, was kann jetzt schnell beantwortet werden, was muss auf den Maßnahmenplan und später bearbeitet werden?«

Besonders zu beachten

- Die Anonymität des Fragestellers kann auf besonderen Wunsch gewährleistet werden, indem der Moderator die ihm während einer Pause zugetragene Frage selbst aufschreibt und sie anschließend vorstellt.

Maßnahmenplan

Zweck des Maßnahmenplans

Die während der moderierten Sitzung erarbeiteten Ergebnisse oder vereinbarten Maßnahmen für »die Zeit danach« werden in eine konkrete und verbindliche Form gebracht, die die persönliche Verantwortung für einzelne Maßnahmen und die zeitliche Planung festlegt.

Vorgehensweise

- Alles, was im Anschluss an die moderierte Sitzung gemacht werden soll, wird so konkret wie möglich beschrieben und für alle sichtbar in den Maßnahmenplan eingetragen. Das Formulieren einzelner Maßnahmen für komplexe Aufgabenstellungen (»Was?«-Spalte) kann in Kleingruppen vorbereitet werden.
- Es dürfen nur anwesende Personen als Verantwortliche benannt werden (»Wer?«-Spalte).

- Der Zeitansatz für die Erledigung der Aufgabe muss realistisch sein. Hier erweist sich meist, ob die Maßnahme konkret genug beschrieben wurde (»Wann?«-Spalte).
- Für die (Selbst-)Kontrolle und die Motivation zur Maßnahmenbearbeitung ist es sinnvoll, als zusätzliche Spalte eine Erfolgsoperationalisierung anzubieten: »Wodurch ist die erfolgreiche Erledigung der Maßnahme gekennzeichnet? Wie sieht das konkrete Ergebnis aus, nachdem die Maßnahme abgeschlossen ist?«
- Einige Gruppen entschließen sich auch, das Umsetzen wichtiger Maßnahmen durch »Paten« begleiten zu lassen. Diese Paten sind nicht direkt am Umsetzen der Maßnahme beteiligt, erinnern aber den Verantwortlichen immer wieder an den Zeitplan, helfen bei auftretenden Schwierigkeiten oder bieten sich als Gesprächspartner an.

Besonders zu beachten

- Häufig lässt sich beobachten, dass Gruppenmitglieder in der »Schluss-Euphorie« einer erfolgreichen Arbeitssitzung mit großer Begeisterung umfangreiche Maßnahmenpläne erstellen. Jeder übernimmt gleich mehrere Aufgaben und verspricht »hoch und heilig«, alles pünktlich und perfekt zu erledigen. Die Gruppe trennt sich überglücklich, jeder eilt in sein Büro, sieht seine E-Mails durch, hört das Telefon, der erste Anruf aus dem »Alltag« und – die übernommenen Aufgaben bleiben liegen. Ein Maßnahmenplan kann nur dann seine Funktion erfüllen, wenn die Maßnahmen während der Erstellung gewissenhaft auf ihre Realisierbarkeit überprüft werden. Hier sollte der Moderator einer Selbstüberschätzung in der Gruppe entgegenwirken.
- Zu jeder Maßnahme müssen die dazugehörigen Spalten ausgefüllt werden. Findet sich für eine Maßnahme kein Verantwortlicher, so muss die Maßnahme wieder gestrichen werden.

Weitere Verfahren

Wir haben eingangs darauf hingewiesen, dass in einer moderierten Arbeitssitzung sämtliche Gruppenarbeitsverfahren für das Sammeln, Strukturieren, Bearbeiten oder Entscheiden von Themen eingesetzt werden können. Wichtig für ihren Einsatz in einer moderierten Sitzung ist, dass der Moderator

- das jeweilige Verfahren für die Zielerreichung während eines konkreten Arbeitsabschnittes für geeignet hält,
- seine Zielsetzung, Besonderheiten und Verfahrensregeln vorstellt,
- bei der Durchführung seine Rolle als Moderator konsequent einhält.

Die folgende Übersicht weist auf Quellen hin, in denen verschiedene Verfahren beschrieben werden, die in moderierten Gruppenarbeiten noch eingesetzt werden können.

Verfahren zum »Ankommen« in Gruppen, zur emotionalen Einstimmung auf ein Thema, zur Beziehungsgestaltung zwischen den Teilnehmern

- Röschmann: 111 mal Spaß am Abend, 4. Auflage 2006.
- Wallenwein: Spiele: Der Punkt auf dem i, 5. Auflage 2003.
- Müller: Mehr Bewegung ins Lernen bringen, 2003.
- König: Warming-up in Seminar und Training, 2. Auflage 2004.
- Blenk: Inhalte auf den Punkt gebracht – 125 Kurzgeschichten für Seminar, Training, Workshop, 2. Auflage 2006.

Verfahren zur Ideenfindung/Kreativitätstechniken

Hierbei handelt es sich um Verfahren, mit denen Gruppen bewusst ihr kreatives Potenzial zielgerichtet aktivieren können, zum Beispiel die »6-3-5-Methode«, das »imaginäre Brainstorming«, der »morphologische Kasten«, die »Semantische Intention«; zu finden in:

- Backerra/Malorny/Schwarz: Kreativitätstechniken. Kreative Prozesse anstoßen – Innovationen fördern, 2. Auflage 2002.

- Schlicksupp: Innovation, Kreativität und Ideenfindung, 6. Auflage 2004.
- Kasper/Emlein: QuerDenken. Tools und Techniken für kreative Kicks, 2003.

Verfahren zum Strukturieren von Ideen, Vorschlägen, oder Gedanken

Hierzu gehört das »Mind-Mapping«, das zunehmend auch in Gruppensitzungen Verwendung findet; siehe dazu: Krüger, Mind Mapping, ^{2}2004.

Verfahren zum Strukturieren von Informationen, zum Bewerten oder zum Herstellen von Beziehungen oder Abhängigkeiten sind beispielsweise das Ursachen- und Wirkungs-Fischgrätendiagramm, das Flussdiagramm, die Prioritätenmatrix oder das Kräftefelddiagramm; siehe dazu:

- Brassard/Ritter: Der Memory Jogger, 2000.
- Theden/Colsman: Qualitätstechniken, 2005.
- Malorny/Langner: Moderationstechniken, 2. Auflage 2002.

Computerunterstützte Vorgehensweisen

Die Technik bietet es an: die computergestützte oder -unterstützte Moderation. So lässt sich das Karten-Antwort-Verfahren auch über den PC organisieren. Das hat natürlich Konsequenzen technischer Art, aber auch was den Ablauf und die Steuerung – »Moderation« – derartiger Prozesse angeht. Wer einen Einstieg in das sich rasant verändernde und weiterentwickelnde Themengebiet sucht, findet im Internet unter Suchbegriffen wie beispielsweise »elektronische Moderationsmethode« oder »e-moderation« Beschreibungen von Pilotprojekten und technischen Weiterentwicklungen. Wer in Büchern stöbern möchte:

- Autorengruppe e-writing.de: E-Learning und E-Kooperation in der Praxis, 2002.
- Busch/Mayer: Der Online-Coach, 2002.

Kapitel 10
Notwendig und hilfreich: Visualisierungen während der Moderation

Erfolgreiche Moderationen schaffen sich oft ein besonderes Problem: Sie erzeugen in kurzer Zeit sehr viel Komplexität. Wenn alle Gruppenmitglieder sich aktiv am Arbeitsprozess beteiligen, dann entstehen sehr viele Meinungen, unterschiedliche Ideen, konkrete Anregungen, kontroverse Standpunkte und Ergebnisse. Das engagierte Arbeiten vieler schafft viel Stoff. Damit davon in der Hektik des Arbeitens möglichst wenig untergeht und besonders Zwischen- und Endergebnisse nicht verloren gehen, damit aber auch alle Gruppenteilnehmer dieselben Inhalte vor Augen haben und sie so alle auf dem gleichen Stand sind, darum wird in moderierten Sitzungen so viel geschrieben, gemalt, gepunktet, also visualisiert.

Was wird visualisiert?

- Zielformulierungen, Vorgehensweisen, Spielregeln, Arbeitsfragen;
- Teil-, Zwischen- oder Endergebnisse, dies gilt auch für die Kleingruppenarbeit;
- offene Fragen, Konfliktpunkte;
- Vorschläge, über die entschieden werden soll, besonders wenn es mehr als drei sind und das Bearbeiten im Kopf nur noch mühsam gelingt;
- die Sammlung von Meinungen, Ideen, Standpunkten, Lösungsvorschlägen, die für das weitere Vorgehen von Bedeutung sind;
- konkrete Maßnahmen und Vorhaben, Pläne für die Zeit nach der Moderation sowie
- letztlich alles, was aus Sicht der Gruppe oder des Moderators schriftlich oder bildlich festgehalten werden muss, weil es für die Zielerreichung und den Gruppenarbeitsprozess von Nutzen sein kann.

Mit anderen Worten: Ein moderierter Arbeitsprozess ist immer auch ein visualisierter Arbeitsprozess. Aus Erfahrung empfehlen wir: Lieber mehr als weniger visualisieren.

Welche Medien werden eingesetzt?

Das *Flipchart*: Die visualisierten Informationen bekommen hohe plakative Wirkung, die Filzstifte sind besonders kontraststark, gezielt eingesetzt schaffen die Grundfarben Bedeutungsvielfalt. Das Schreiben ist leicht zu lernen und mit ein bisschen Übung lässt sich auch unter Zeitdruck so schreiben, dass es von allen leicht gelesen werden kann. Die einzelnen Blätter können abgehängt und für alle während des gesamten Prozesses gut sichtbar aufgehängt werden. Die große Schrift kann leicht abfotografiert und als Datei verschickt oder weiterverarbeitet werden.

Die *Pinnwand*: Das Medium einer moderierten Sitzung, flexibel einsetzbar, leicht beweglich und mit großer Arbeitsfläche auch übersichtlich für größere Gruppen nutzbar. Mehrere Pinwände zusammengestellt, bilden optimale Arbeitsflächen, auf denen komplexe Prozesse oder große Ideensammlungen noch übersichtlich abgebildet werden können. Das schnelle Anpinnen und Strukturieren von Karten jeder Größe, Form und Farbe erleichtert das flexible Bearbeiten von Themen. Zusätzlich kann die Pinnwand auch als Flipchart genutzt werden. Unser Tipp: Bei der Vorbereitung einer moderierten Arbeitssitzung lieber ein paar mehr Pinnwände bestellen (eher fünf als zwei).

Der *Overheadprojektor*: Auf den Folien kann mitgeschrieben werden. Anschließend dienen sie als Kopiervorlage für die Erstellung des Protokolls. Ein Nachteil: Ist die erste Folie einmal vollgeschrieben und weicht der zweiten, verschwindet ihr Inhalt von der Bildfläche. Folien lassen sich nicht ganz so gut in Form einer Plakatgalerie im Arbeitsraum aufhängen wie die großen Flipchartblätter.

Das Problem des »Verschwindens« von Informationen stellt sich auch beim Einsatz von *Tafeln* – unabhängig davon, ob es sich um die alte, schwarze oder grüne Schultafel oder die modernen weißen »Whiteboards« handelt. (Ausnahme: Copyboards, die die beschriebenen Flächen gleichzeitig kopieren). Aber auch damit lässt sich visualisieren, der Moderator muss nur sicherstellen, dass der Inhalt einer vollgeschriebenen Tafel konserviert wird, zum Beispiel durch das Abfotografieren mit einer Kompaktkamera. Und als Ersatz für die Pinnwand können die Karten auf der Tafeloberfläche mit etwas Kreppband befestigt werden.

Der *Laptop (mit oder ohne Beamer)*: Geeignet, um wichtige Entscheidungen oder Ideensammlungen gleich in publizierbarer Form festzuhalten, und unverzichtbar, wenn komplexe Szenarien mit unterschiedlichen Zahlen durchgerechnet werden sollen, um Entscheidungen zu treffen.

Wie wird visualisiert? Die wichtigsten Grundregeln

Das einheitliche Layout

Damit die Teilnehmer jede Visualisierung auf einen Blick verstehen, empfiehlt es sich, den Aufbau und die Funktionen von Farben, Formen und Symbolen in allen Visualisierungen einheitlich zu verwenden: Beispielsweise werden alle Überschriften schwarz mit roter Unterstreichung, alle Hervorhebungen erster Ordnung rot, zweiter Ordnung grün, die Schrift schwarz oder blau.

Der einheitliche Einsatz von Formen und Farben gilt auch bei der Verwendung der Karten für die Pinnwand. So können den verschiedenen Farben und Formen auch eindeutige Funktionen zugeordnet werden. Beispielsweise können grüne Karten für das Notieren von Pro-Argumenten, rote dagegen für die Contra-Argumente verwendet werden.

Die Überschrift

Jede Visualisierung braucht eine Überschrift, die knapp und schlagwortartig wiedergibt, was dargestellt werden soll. So können verschiedene Visualisierungen auf einen Blick unterschieden und der Inhalt der einzelnen Plakate, Folien oder Bilder schnell identifiziert werden.

Der Einsatz von Farben

Mit Farben können inhaltliche Aussagen der Visualisierung unterstützt und Wichtiges hervorgehoben werden. Für das Auge haben Farben starke Signalwirkung. Daher sollten sie gezielt und sparsam verwendet werden. Gleiche Farben wie auch gleiche Formen suggerieren einen engen Zusammenhang. Wenn verschiedene Aussagen in einer Visualisierung in der gleichen Farbe abgebildet sind, fasst das Auge sie unbewusst zu einer Gruppe zusammen.

Die Schriftgestaltung

Die Schrift muss ohne Anstrengung für alle Teilnehmer an der Gruppensitzung zu lesen sein. Jede Anstrengung des Auges, um zu klein oder undeutlich Geschriebenes zu entziffern, bedeutet zusätzliche Mühe und lenkt vom inhaltlichen Arbeiten ab.

Wie sollte die Schrift in Visualisierungen gestaltet sein?

Die Schriftgröße muss so gewählt werden, dass sie auch von der »hintersten Bank« aus ohne Mühe gelesen werden kann. Für Flipchart- und Pinnwand-Visualisierungen liegt die Mindestschriftgröße bei etwa 35 mm. Eine Faustregel für Folien und PC-Schrift besagt, dass die Schriftgröße mindestens fünf Millimeter betragen muss, um aus einer Entfernung von fünf Metern noch gut lesbar zu sein. Folgende Vorschläge verhelfen zu einer lesbaren Handschrift bei Visualisierungen:

Die Regeln führen natürlich dann zum besten Ergebnis, wenn Visualisierungen in Ruhe vor Beginn der Veranstaltung vorbereitet werden. In der Hektik des Arbeitsprozesses dagegen fällt so mancher Moderator leicht wieder in seine normale Handschrift zurück. Trotzdem zeigt die Erfahrung, dass das Bemühen um groß-klein/eng-blockartig/nüchtern/sparsam in Ober- und Unterlängen langfristig zu einer deutlichen Verbesserung der individuellen Moderationsschrift selbst unter hektischen Bedingungen führt. Aber auch hier gilt: Übung macht den Visualisierungsprofi.

»*Das mit der Schrift ist mühsam, das muss man wohl richtig üben. Aber etwas anderes in diesem Zusammenhang: Ich habe einmal an einem Workshop teilgenommen, bei dem der Leiter für die Überschriften fertige große Karten in Wolkenform hatte, mit rotem Rand. Einige meiner Leiterkollegen haben sich über die ›liebliche Art‹ lustig gemacht. Ich fand das aber recht gut.*«

»*Hm, die großen Wolkenkarten sind eine praktische Erfindung. Und manche Moderatoren grenzen ihre selbst gestalteten Überschriften auf den Flipcharts ja auch mit einer Wolke vom darunterstehenden Text ab. Wolken haben sich bei vielen Moderatoren als ›Überschriftensprache‹ etabliert. Ich erlebe aber auch, dass Mitarbeiter in Unternehmen mit den Wolken so etwas wie Psychoseminar und Selbsterfahrungsgruppe verbinden. Und das scheint sich bei ihnen mit zielgerichteter inhaltlicher Arbeit nicht zu vertragen. Ich persönlich gestalte meine Überschriften ohne Wolken, aber in einer immer gleichen Art: Ich schreibe den Text mit einem schwarzen Stift und unterstreiche ihn mit einem flotten roten Strich, der mir mal mehr oder weniger zufriedenstellend gelingt. Ungefähr so, wie Sie dies auf der vorherigen Seite beim Flipchart ›Tipps für eine lesbare Handschrift‹ sehen können. Damit habe ich meinen eigenen Stil entwickelt und erspare mir jegliche Form von ›Wölkchendiskussion‹*«

Übergänge:
Wann ist Moderation sinnvoll?

Kapitel 11   Einsatz der Moderation in kleinen und großen Gruppen/Open Space
Kapitel 12   Partner des Moderators: Die Gruppe
Kapitel 13   Lehr- und Wanderjahre: Wie werde ich Moderator?

Kapitel 11
Einsatz der Moderation in kleinen und großen Gruppen/Open Space

Das Aufkommen einer neuen Methode führt immer wieder dazu, dass ihr in der öffentlichen Debatte Zauberkräfte zugeschrieben werden: »Endlich das Werkzeug, mit dem man alle offenen Probleme wirkungsvoll behandeln kann.« So ergeht es gelegentlich auch immer noch der Moderationsmethode. Plötzlich muss alles moderiert werden, jede Besprechung, jede Konferenz. Statt Besprechungsleiter sollen in manchen Unternehmen jetzt Moderatoren ausgebildet werden. Es gibt Moderatoren-Workshops, und es gab sogar eine richtig große Moderationsmesse, auf der die »Moderationspäpste der ersten und zweiten Stunde« ihre Erkenntnisse und Erfahrungen zum Besten gaben. Dass eine pfiffige Industrie für alles die passende Hardware anbietet – vom Klebepunkt mit Herzchen bis zur vollständigen Ausstattung einer Konferenzzone –, versteht sich dabei von selbst (ist gelegentlich recht teuer, kann aber das Moderatorenleben enorm erleichtern).

Für die Entscheidung, ob eine Sitzung moderiert werden soll oder nicht, lässt sich eine Reihe von Kriterien diskutieren.

Gestaltungs- und Entscheidungsspielraum

Das Thema, das moderiert werden soll, muss prinzipiell offen sein für neue, im Vorfeld nicht schon festgelegte oder bereits entschiedene Meinungen und Lösungen.

Soll das (heimliche) Ziel einer Arbeitssitzung dagegen darin bestehen, einer schon vorher getroffenen Entscheidung den »letzten demokratischen Anstrich« durch die Behandlung in einer Arbeitsgruppe zu geben, ist die moderierte Sitzung in jedem Fall das falsche Mittel. Denn mit ihr können ja gerade neue, bisher noch nicht überlegte und dennoch Erfolg versprechende Ideen, Lösungsansätze oder Alternativen erarbeitet werden. Das Ergebnis einer moderierten Arbeitssitzung lässt sich inhaltlich nicht eindeutig vorherbestimmen, moderierte Arbeitsgruppen besitzen eine eigene Dynamik. Sie können nicht nur den Zeitrahmen sprengen, sondern auch schon einmal zu ganz neuen Ufern aufbrechen.

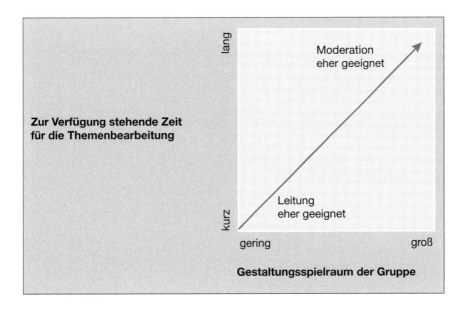

Zeit

Eine moderierte Arbeitssitzung benötigt einen gewissen zeitlichen Spielraum. Sie lässt sich nicht in 15 Minuten durchführen. Erfahrungsgemäß benötigen Sitzungen, in denen viele Teilnehmer aktiv mitarbeiten und sich entsprechend austauschen, mehr Zeit als Besprechungen, bei denen nur wenige reden und beispielsweise nach kurzen Informationsphasen mit Handzeichen abgestimmt wird.

Die zur Verfügung gestellte Zeit für eine moderierte Sitzung muss dem Thema, dem Ziel und der Gruppengröße angemessen sein. Die Zeitangaben in unserem Beispiel (Kapitel 8) und bei der Vorstellung der Verfahren (Kapitel 9) sollen einen Anhaltspunkt geben und bei der Planung erster eigener Moderationen helfen.

Die eingeladenen Teilnehmer

Es ist schon schwer, eine Besprechung mit Teilnehmern durchzuführen, die nichts sagen oder nichts sagen wollen (auch wenn dies für manche Chefs eine Traumsituation darstellen mag). Eine moderierte Arbeitssitzung ist so jedoch unmöglich. Bei großen Veränderungsprojekten in Organisationen kann es schon einmal vorkommen, dass Mitarbeiter zu Workshops »verdonnert« werden, in denen sie engagiert und kreativ mitarbeiten sollen, obwohl sie das weder wollen, noch so richtig können. Wenn dann noch der Moderator ein jungdynamischer externer Consultant im blauen Anzug ist und die Teilnehmer ältere Beamte einer staatlichen Behörde, kommt alles zusammen, was zu einer »Traumsituation« gehört. Und so etwas kommt vor! Die Konsequenz: Bei der Planung einer moderierten Sitzung sollte auch darauf geachtet werden, dass bei den Teilnehmern ein Mindestmaß an Mitarbeitbereitschaft herrscht, anders geht es nicht. Das muss vor allem bei »kritischen« Projekten in den Vorgesprächen zwischen Moderator, Auftraggeber und vielleicht auch den späteren Teilnehmern angesprochen werden. Dass der junge Consultant in manchen Fällen auch dann noch eine Menge Überzeugungsarbeit leisten muss, um die Sitzung zu einem dynamischen Arbeitsereignis werden zu lassen, ist dann ein ganz anderes Thema.

Gleiche unter Gleichen

In einer moderierten Sitzung sind – idealerweise – alle am Arbeitsprozess Beteiligten gleichwertig und gleichberechtigt. Dafür steht der Moderator und dazu dienen auch die Regeln der verschiedenen Moderationsverfahren. Wenn Vorgesetzte teilnehmen, sollten sie daher die Bereitschaft aufbringen, als grundsätzlich Gleiche unter Gleichen aufzutreten. Sie sollten zumindest »mit offenen Karten spielen« und beispielsweise zu Beginn einer Sitzung klar zum Ausdruck bringen, wie weit sie gehen wollen oder können und wo ihre Verantwortung, ihre Position, die Vorgaben, an die sie sich gebunden fühlen, oder ihr Selbstverständnis Grenzen setzen.

Gruppengröße

Erfahrungsgemäß liegt die günstigste Zahl bei sechs bis zwölf aktiven Teilnehmern. In besonders arbeitsintensiven oder in konfliktreichen Veranstaltungen mit Gruppen über zehn Teilnehmern bietet es sich an, mit zwei Moderatoren zu arbeiten. Es kann dann mit Kleingruppen gearbeitet werden, und die Moderatoren können zudem arbeitsteilig vorgehen. Der eine achtet dann mehr auf den Arbeitsprozess zur Zielerreichung, während der andere seinen Schwerpunkt auf die Begleitung des Gruppengeschehens legt. Beide können sich zudem bei der Erstellung von Visualisierungen unterstützen.

Großgruppen

Ob sich **Großgruppen** mit mehr als dreißig oder sogar fünfzig Teilnehmern moderieren lassen, haben die Moderationsprofis der ersten und zweiten Stunde natürlich versucht. Das Ergebnis waren viele, viele Karten und damit auch viele gute Ideen. Aber ein lebendiger, argumentationsreicher Austausch aller mit allen in einem Raum und über einen längeren Zeitraum ist in solchen Großveranstaltungen äußerst schwierig.

Für Großgruppen bietet sich ein gestaffeltes Vorgehen an

In der **Großgruppe:**
- Einstieg in die Gesamtveranstaltung,
- Anlass, Hintergründe,
- Vorstellen des Ziels,
- Vorstellen des Ablaufs,
- Vorstellen der Kleingruppenszenarios.

In den **Kleingruppen:**
- Vereinbaren des Ziels der Kleingruppenarbeit,
- Ablauf der (moderierten) Kleingruppensitzung,
- Durchführung der Moderation,
- Vorbereiten der Präsentation im Plenum oder
- Vorbereiten eines Informationsmarktes mit Plakaten für die anderen Teilnehmer.

In der **Großgruppe:**
- Zusammenführen der Ergebnisse,
- Bilden neuer Szenarien für Kleingruppen oder
- Abschluss der Veranstaltung.

Open space – das Großgruppenarbeitstreffen mit hundert Teilnehmern

Seit Mitte der 90er-Jahre führen auch im deutschsprachigen Raum Unternehmen, soziale Einrichtungen sowie Organisationen aus den unterschiedlichsten Bereichen diese Großgruppeninterventionsmethode durch, die immer mehr an Popularität gewinnt und als entfernte Verwandte der moderierten Großgruppenveranstaltung kurz vorgestellt werden soll.

Bei Open Space wird die Idee der »ungezwungenen und nicht organisierten Kaffeepause« zum Veranstaltungsprinzip erhoben. Zu Beginn einer meist zwei- bis dreitägigen Veranstaltung wird ein Leitthema vorgestellt. Das Leitthema sollte komplex sein, der Anlass für die Veranstaltung in einem dringenden Handlungsbedarf bestehen, die eingeladenen Mitarbeiterinnen und Mitarbeiter sollten von der Thematik persönlich betroffen sein, und es sollte Offenheit in der Organisationsleitung für die zu erarbeitenden Ideen und Vorschläge bestehen. Beispielsweise wurden folgende Themen in Open-Space-Veranstaltungen bearbeitet:

- Schwierigkeiten bei der Fusion zweier Unternehmen,
- der dramatische Verlust von Marktanteilen und die Frage, wie das Unternehmen überleben wird,
- Steigerung der Leistungsfähigkeit einer Organisation,
- die Verbesserung der Zusammenarbeit zwischen verschiedenen Kooperationspartnern,
- Entwicklung neuer Produkte und Dienstleistungen.

Open Space ist eine Methode, mit der in relativ kurzer Zeit mit sehr vielen Personen Lösungsmöglichkeiten für eine zu verändernde Situation erarbeitet werden können.

Nach der Vorstellung des Leitthemas haben die Anwesenden die Möglichkeit, im Plenum Einzelthemen für Arbeitsgruppen vorzuschlagen. Wer vorschlägt, übernimmt für die Dauer des ein- bis zweistündigen Workshops die Verantwortung. Jeweils am Vormittag und am Nachmittag gibt es zwei Zeitfenster, in denen parallel verschiedene Workshops stattfinden. Morgens und abends trifft sich das gesamte Plenum zu etwa einstündigen Verständigungsrunden.

Pro Workshop-Zeitfenster, beispielsweise 9–11 Uhr, finden so viele Arbeitssitzungen statt, wie sich Themenverantwortliche und Interessierte gefunden haben. Wurde auf diese Weise das Programm zu Beginn der Veranstaltung einmal festgelegt, hat jeder der Anwesenden die Möglichkeit, an dem Workshop mitzuarbeiten, der ihn am meisten anspricht. Es gibt keine Anwesenheitspflicht, keinen Zwang zum Bleiben und auch keine Verpflichtung, irgendeine besondere Leistung zu erbringen.

Ein Workshop, zu dem sich kein Mitmacher findet, wird aufgelöst. Total überlaufene und arbeitsunfähige Workshops können sich teilen und mit kleinerer Besatzung und/oder veränderter Themenstellung weitermachen. Am Ende einer Sitzung gibt es ein Protokoll, das über die erreichten Ergebnisse berichtet. Verantwortlich für das Zustandekommen des Protokolls ist der Workshop-Verantwortliche. Ob dieser seine Sitzung streng leitet oder moderiert, bleibt ihm überlassen. Je nach Vorbildung erlebt man in der Praxis eine Mischung aus beidem. Denkbar ist aber auch, dass professionelle Moderatoren für die einzelnen Workshops zur Verfügung stehen und diese moderierend begleiten. Verständlich, dass diese Moderationen ohne große Vorbereitungszeit erfolgen. Eine spannende Herausforderung, weiß man doch nicht, wie intensiv und emotional engagiert der Teilnehmerkreis arbeiten wird. Die Protokolle werden am Ende der gesamten Veranstaltung zusammengeführt.

Während der Open-Space-Begleiter mit seinem Team für die Logistik, die Moderation der Plenumstreffen sowie für den reibungslosen Ablauf der Gesamtveranstaltung verantwortlich ist, sind es ausschließlich die anwesenden Organisationsmitglieder, ungeachtet ihrer Stellung in der Organisation oder ihrer konkreten Tätigkeit, die inhaltlich arbeiten.

»Meinen Sie wirklich, dass das funktioniert? Ihre Beschreibung erinnert mich etwas an ein großes Happening aus meiner Jugend, bei dem alles erlaubt war, solange man nur lieb miteinander umging.«

»Diese kurze Beschreibung soll nur eine erste Vorstellung davon geben, wie Open-Space-Veranstaltungen funktionieren. Aber Erfahrungen in Organisationen haben gezeigt, dass sie sich beispielsweise gut für den Anfang von komplexen Veränderungsprozessen anbieten. Sie helfen, Handlungsfelder zu lokalisieren, und können eine möglichst große Zahl von Betroffenen gleich zu Beginn in den Prozess einbinden. Aber auch für Open Space gilt: Diese Methode ist keine Zauberformel für das Gelingen von Großgruppenversammlungen. Sie hat eine bestimmte Leistungsfähigkeit und kann gut mit Kleingruppenmoderationen verbunden werden. Wenn Sie mehr interessiert: Im kommentierten Literaturverzeichnis haben wir einige aktuelle Bücher zum Thema ausgewählt.«

Infrastruktur für eine moderierte Sitzung

Ein Raum, in dem ungestört gearbeitet werden kann (Handy-frei!), etwas Technik, um visualisieren zu können, Möglichkeiten zur Pausengestaltung, leichte Mahlzeiten, ausreichend Wasser, Kaffee oder Tee. Am besten eine kreative, zum Nachdenken, Experimentieren und entspannten Arbeiten animierende Umgebung. Je passender diese Rahmenbedingungen, desto erfolgversprechender das Arbeiten. Und wenn das Konferenzhotel dann noch einen Wellnessbereich hat, einen Meditationsraum, einen Kamin …

Vieles lässt sich planen, vorbereiten, organisieren – und doch: Den Enkeln wird man später von der moderierten »Sitzung« erzählen, die nach einer Flugzeugnotlandung mit allen zehn Überlebenen mitten im tropischen Regenwald stattfand, zum Thema »Wie kommen wir alle an Leib und Psyche heil und unbeschadet möglichst schnell hier wieder heraus?« Und das Ganze nachts auf einer kleinen Sandbank, voller Angst vor Krokodilen, Schlangen, fleischfressenden Pflanzen, mit einer zufällig mitgeflogenen Moderatorin, völlig im Sinne der Philosophie, hierarchiefrei, engagiert, zielgerichtet und mit Visualisierungen auf den Bordkarten. Und das Ergebnis wird von allen getragen, ist praxisnah, erfolgreich und nachhaltig.

Und letztlich …

Die Erfahrungen in der Praxis zeigen: Fast alle wollen das Leiten lernen, das Beeinflussen, das Steuern von anderen Menschen. Und früh haben sie mit dem Training dazu begonnen: Als Kleinkind mit Geschwistern, Freundin und Freund im Sandkasten, auf dem Fußballplatz, im Turnverein, beim mehr oder minder großen Schulstreik, beim Militär, beim zivilen Ersatzdienst oder an der Uni im Frauenreferat und schließlich im beruflichen Alltag auf jeder Sprosse der Karriereleiter, aber auch in der Familie oder an der Theke. Überall galt und gilt als mehr oder weniger heimliches Prinzip: »Bringe dich mit deinen Interessen, deinen Inhalten ein, und setze dich möglichst durch.«

Für den Moderator gilt dieses Prinzip nicht. Und diese andere Art des Begleitens von Menschen bei ihrer Arbeit, diese konsequente Verantwortung für die methodische Begleitung des Prozesses muss erst einmal gelernt werden. Mit anderen Worten: Eine gelingende moderierte Sitzung braucht einen Moderator oder eine Moderatorin, der oder die ihr Handwerkszeug gelernt hat und sich bemüht, die Grundregeln der Moderation anzuwenden und »tapfer« durchzuhalten.

»Das klingt ja alles schön und weihevoll ermutigend. Meiner Meinung nach ist eine wichtige Voraussetzung für eine Moderation die Bereitschaft der Gruppenmitglieder, sich auf ein solches Vorgehen einzulassen. Was ist, wenn die Gruppe zwar an einem Thema mitarbeiten möchte, jedoch die Moderationsmethode verdeckt oder sogar offen ablehnt? Vielleicht weil sie ihnen zu weich, zu psychomäßig oder sonstwas erscheint?«

»Wenn die Gruppe die Moderationsmethode offen ablehnt, kann eine Moderation nicht stattfinden. Spüre ich als Moderatorin eine verdeckte, heimliche Ablehnung, dann versuche ich herauszufinden, wogegen sich die Einwände konkret richten. Ich spreche das Thema an. Ich will wissen, was es genau ist, wogegen sich eine mögliche Ablehnung richtet. Dann kann ich argumentieren, Hintergründe verdeutlichen und für Verständnis werben. Und ich kann auch dafür werben, dass eine Moderation ein sehr zielgerichtetes und ergebnisorientiertes Arbeiten bedeutet. Aber – und das ist mir jetzt ganz wichtig – eine verdeckte Ablehnung nur der Methode habe ich so gut wie noch nie erlebt. Sie kommt in der Praxis wohl kaum vor. Und selbst eine offene Ablehnung der Moderationsmethode nach einer einfühlsamen Einführung ist eher die Ausnahme.«

Kapitel 12
Partnerin des Moderators: Die Gruppe

»Bisher haben wir viel über die Moderationsmethode und, eng damit zusammenhängend, über Ihre Rolle als Moderatorin erfahren. Wie sieht es dann aber mit den Gruppenmitgliedern aus? Wie sollten wir uns, zum Beispiel in einer weiteren moderierten Sitzung mit Ihnen, verhalten, damit diese Moderation gelingen kann?«

»Je engagierter Sie alle als Gruppenmitglieder sind und je mehr Sie alle Ihre inhaltliche Verantwortung ernst nehmen, desto mehr kommt am Ende dabei heraus. Das ist das eine. Das andere: Es sollten zwischen Ihnen in der Gruppe die Regeln für eine zielgerichtete Gesprächsführung gelten. Das bedeutet: Sie sollten einander aktiv zuhören. Sie sollten wirklich zu verstehen versuchen, was der andere mit seiner Aussage gemeint hat. Auf diese Aussage sollten sie sich dann mit der eigenen Aussage beziehen. Sie sollten sich also bemühen, miteinander zu reden und nicht nebeneinander her und aneinander vorbei. Zehn Monologe, hintereinander gehalten und ohne Verbindung miteinander, machen ein Kneipengespräch aus, aber keinesfalls eine zielgerichtete Diskussion.«

»Und wenn es hart auf hart geht?«

»Eine für alle anstrengende Situation, denn dann sind ja Gefühle besonders intensiv mit im Spiel. Als sehr hilfreich erlebe ich folgende Regel: Wenn ich als Teilnehmerin jemandem widersprechen will, versuche ich erst einmal zu verstehen, was der andere überhaupt gemeint hat. Ich wiederhole zunächst mit eigenen Worten, was ich beim anderen verstanden habe. Erst dann beginne ich mit meiner alternativen Sichtweise. Und noch etwas: Es hilft bei der Auseinandersetzung und es öffnet den anderen für meine Argumente, wenn ich zuerst beschreibe, was ich an seiner Ansicht teile, wo wir übereinstimmen. Dann fällt es dem anderen vielleicht etwas leichter, auch mir zuzuhören – nicht unbedingt zuzustimmen – bei dem, was ich anders sehe. Nur, und das ist wichtig, diese partielle

Zustimmung muss auch stimmen, ich muss mich wirklich bemühen, Gemeinsamkeiten zu erkennen und diese zu benennen. Das im Alltag übliche ›Ja, aber ...‹ reicht da nicht aus.«

»Das heißt, wenn ich meinen Einwand beginne mit ›Sehe ich auch so, aber ...‹ oder ›Vollkommen recht, was Sie sagen, nur ...‹, wende ich diese Form nur scheinbar an und mache mir eigentlich nicht die Mühe, nach Gemeinsamkeiten zu suchen?«

»Ja, das erlebe ich selbst so, wenn ich mit derartigen Floskeln konfrontiert werde. Noch ein anderer Punkt ist mir wichtig: Klappt in einer Moderation die Kommunikation, dann reden die Teilnehmer miteinander. Sie schauen einander an und nicht mich als Moderatorin. Die Wortbeiträge sind dabei direkt an die jeweils anderen Gruppenmitglieder gerichtet. Eine Moderation kann nicht gelingen, wenn die Teilnehmer ausschließlich zu mir als Moderatorin reden. Das bedeutet natürlich auch, dass ich als Moderatorin nicht alle Wortbeiträge an mich ziehen darf. Das ist manchmal gar nicht so einfach.«

»Und wie können Sie als Moderatorin uns als Gruppe helfen, ein solches, zielgerichtetes Verhalten einzuüben?«

»Nun, als Moderatorin kann ich bei der Formulierung und Vereinbarung entsprechender Regeln unterstützend wirken. Ich kann auch einzelne Regeln selbst formulieren und anbieten. Immer wenn es zu Störungen kommt, die den Prozess behindern, kann ich der Gruppe ihr Verhalten spiegeln, auf die Regeln hinweisen oder an dieser Stelle die Einführung einer neuen Regel anbieten. Aber:
Meine Aufgabe in einer moderierten Sitzung ist es nicht, kommunikatives Verhalten zu trainieren – das machen beispielsweise die Autoren dieses Buches in speziellen Kommunikationstrainings, in Coachingsitzungen oder bei komplexen Prozessberatungen –, meine Aufgabe ist es, die Gruppe mit Hilfe der Moderation auf dem Weg zur Zielerreichung zu begleiten und zu unterstützen. Aber dennoch: Wir haben hier einmal die Perspektive gewechselt und einige Tipps für eine konstruktive Mitarbeit in einer moderierten Arbeitssitzung zusammengestellt.«

Tipps für die konstruktive Mitarbeit in moderierten Arbeitssitzungen

Bereiten Sie sich vor!

Wer tut das schon – obwohl! Profis lesen die Einladung zu einem Arbeitstreffen sorgfältig, studieren vor allen Dingen die Unterlagen, fragen bei Unklarheiten nach und prüfen genau, welche Relevanz das Thema für sie persönlich, für ihre Abteilung oder für das Unternehmen hat. Sie vermeiden auf diese Weise, bei Themen, die sie persönlich betreffen, auf dem »falschen Fuß« erwischt zu werden. Bei Unklarheiten fragen Sie den Auftraggeber der Sitzung oder den Moderator, wenn dies möglich ist.

Kommen Sie *just in time* – besser etwas vorher!

Früher nannte man das »pünktlich«, aber dieser Begriff passt anscheinend nicht mehr in die moderne Zeit, in der – so der Zeitforscher Karlheinz A. Geißler – die Erreichbarkeit die Pünktlichkeit abzulösen beginnt. Hauptsache man kann über Handy mitteilen, dass man schon auf dem Weg ist, im Stau steckt und sich darüber wundert, dass die anderen schon alle da sind. Zeit ist ein wertvolles Gut, und eine moderierte Arbeitssitzung bindet die Zeit vieler Menschen. Respektieren Sie dies. Und noch ein Vorteil der Pünktlichkeit: Wer zuerst kommt kann sich einen guten Platz aussuchen, beispielsweise den mit dem Fenster im Rücken oder den direkt neben dem Keksteller.

Helfen Sie bei der Zielklärung!

Wird ein Thema aufgerufen folgt dem nicht immer eine Information über die Ziele, die bei diesem Punkt erreicht werden sollen. Gut vorbereitete Moderatoren tun das von sich aus: Sie beschreiben, auf welches Ziel hin ein bestimmtes Thema bearbeitet werden soll.

Für ein Thema wie beispielsweise »Kapazitätsplanung in unserer Abteilung« kann das Ziel darin bestehen: »Erste Ideen für die Kundenbetreuung während des Urlaubsmonats August zu sammeln«. Ein Ziel könnte aber auch sein »die Aufteilung der zu betreuenden Kunden auf die einzelnen Kundenbetreuer nach dem Weggang von Frau ... neu zu regeln und anschließend zu verabschieden«. In beiden Fällen wird das Thema ganz unterschiedlich verhandelt. Sollte der Moderator kein Ziel nennen (auch das gibt es!), fragen Sie nach: »Was ist das Ziel für dieses Thema? Was sollen wir erreichen? Was soll am Ende dieser Sitzung in Sachen ›Kapazitätsplanung‹ herauskommen? Wie soll das Ergebnis aussehen?« Auf diese Weise schaffen Sie für alle Beteiligten die notwendige Klarheit, um effektiv mitzuarbeiten.

Hören Sie zu!
Dazu gehören eine zugewandte Körperhaltung, ein angemessener Blickkontakt, ein unterstützendes Kopfnicken und gelegentliche Kurzäußerungen, wie beispielsweise »hm«, »ja«, »aha«. Sie signalisieren, dass Sie den Äußerungen der anderen aufmerksam zuhören. Dazu gehört aber auch, dass Sie Fragen stellen, wenn Sie sich nicht ganz sicher sind, etwas so verstanden zu haben, wie es der andere gemeint haben könnte: »Was verstehen Sie unter ...?«, »Welches Beispiel haben Sie für ...?« Bleiben Sie dabei möglichst eng beim Thema des anderen und versuchen Sie dessen Position vollständig zu verstehen. Erst dann sollten Sie Ihre zustimmende, abweichende oder ergänzende Meinung einbringen, wenn Sie dies an dieser Stelle schon möchten.

Wiederholen Sie mit eigenen Worten die Perspektiven der anderen.
Dies ist eine der wohl wichtigsten kommunikativen Fertigkeiten, um in einer Diskussion Verstehen – nicht jedoch Übereinstimmung – herzustellen. Sie wiederholen mit Ihren eigenen Worten die zentralen Inhalte Ihres Gesprächspartners. Wiederholungen werden oft mit Sätzen eingeleitet wie: »Verstehe ich Sie richtig, dass ...«, »Bedeutet das, dass ...«, »Liegt Ihrer Ansicht nach ...«

Wichtig ist, dass Sie sich konsequent bemühen, die Perspektive des anderen so wiederzugeben, wie dieser sie verstanden haben will. Sie erreichen,

- dass andere sich ernst genommen und verstanden fühlen,
- dass in schwierigen Diskussionen Transparenz über die im Raum schwingenden Ansichten und Perspektiven entsteht,
- dass zumindest Sie den roten Faden auf dem Weg zur Zielerreichung nicht aus den Augen verlieren,
- und dass Sie jederzeit sicher sind, wo Sie noch zustimmen können und wo Sie Ihre abweichende oder weiterführende Meinung einbringen sollten.

Helfen Sie anderen, sich an der Diskussion zu beteiligen!
Sie können sich als teamfähig und offen darstellen, indem Sie immer wieder auch die Teilnehmer der Besprechung einbeziehen, die bisher noch nichts gesagt haben. Fragen Sie nach deren Ansichten, begründen Sie aber Ihre Frage, damit nicht der Eindruck entsteht, Sie wollten die anderen nur vorführen: »Bei diesem Punkt geht es ja letztlich darum, dass alle in der Abteilung mit der zu erstellenden Regelung leben können. Daher interessiert mich, wie Sie ... und Sie ... über den Vorschlag denken?« Natürlich ist dies auch die Aufgabe des Moderators, aber eine erfolgreiche Gruppensitzung lebt nicht nur von einem regelgerecht arbeitenden Moderator, sondern von den Gruppenteilnehmern.

Dazu noch ein wichtiger Punkt: In vielen moderierten Sitzungen erlebt man, dass die Teilnehmer jeden Redebeitrag direkt an den Moderator richten. Nur mit ihm scheinen alle zu kommunizieren. Und Moderatoren, die sich »ihrem Herzen nach« eigentlich der Leiterrolle nahe fühlen, nehmen diese Kommunikationsform auch dankbar an und steuern so das Gespräch. Dass die Teilnehmer meistens direkt zum Moderator sprechen, liegt wohl auch daran, dass sie in der Regel nur das Verhalten in Leitungssituationen erlebt haben. In einer moderierten Sitzung sollten die Teilnehmer miteinander kommunizieren. Der Moderator bringt sich schon ein, wenn er etwas zu sagen hat. Das heißt: Wortbeiträge gehen an die anderen Gruppenteilnehmer und nicht an den Moderator.

Helfen Sie bei Konflikten, wieder zur Sachebene zurückzukommen.
Leichter gesagt als getan! Aber Sie spüren schnell, wenn vom Thema abgewichen wird, wenn es beispielsweise nur noch um Schuldzuweisungen oder das Herumwühlen in alten Versäumnissen geht. Dann können Sie natürlich mitmachen. Sie können aber auch dabei helfen, die Diskussion wieder auf die inhaltliche Schiene in Richtung Zielerreichung zu bringen. Bleiben Sie vor allen Dingen wertschätzend gegenüber den Diskutanten. Formulieren Sie Fragen, die auf das Sachproblem verweisen. Fragen Sie beispielsweise nach dem weiteren Vorgehen, nach Maßnahmen für ein besseres Gelingen in der Zukunft. Es muss Ihnen gar nicht gelingen, einen Streit zu schlichten oder gar zu klären. Wichtig ist, dass Sie sich in Arbeitssitzungen den Ruf erarbeiten, an sachlichen, fairen und umsetzbaren Lösungen interessiert zu sein.

Niemals ohne Maßnahmenplan!
Eine häufig zu hörende Kritik an Arbeitstreffen sind die fehlenden Folgen: »Warum treffen wir uns eigentlich, wenn es absolut keine Konsequenzen gibt und nichts beschlossen wird?« Vielen vertraut dürfte das Schlusswort so mancher Besprechungsleiter sein: »Darum sollten wir uns in der nächsten Zeit einmal intensiver kümmern.« Und ein jeder Teilnehmer weiß, was das bedeutet, nämlich nichts.

Daher drängen Sie in einer moderierten Sitzung bei jedem Thema oder Teilthema auf Klärung der Frage »Was bedeutet unsere Diskussion für die nächsten Schritte?« Oder: »Wer macht was, bis wann?« Oder: »Wie sehen die weiteren Maßnahmen aus?« Zeigen Sie sich als jemand, der über das bloße Diskutieren an Maßnahmen, an Konsequenzen und an pragmatischen Schritten interessiert ist. Das gilt gleichermaßen in den Fällen, in denen Sie selbst von den zu erledigenden Maßnahmen betroffen sind.

Kapitel 13
Lehr- und Wanderjahre: Wie werde ich Moderator?

Zuerst einmal: Wann macht es Sinn und wer sollte sich ausbilden lassen?

Soll in einem Unternehmen die Moderation als regelmäßiger Bestandteil der Besprechungs- und Gruppenarbeitskultur eingeführt werden, muss sichergestellt sein, dass es Mitarbeiter gibt, die diese Methode kompetent beherrschen. Soll dagegen nur gelegentlich und nur zu besonderen Ereignissen moderiert werden, dann genügt es, einen externen Moderator einzuladen.

Entscheidet sich das Unternehmen für den Einsatz eigener Mitarbeiter als (gelegentliche) Moderatoren, so empfiehlt es sich, einzelne Kolleginnen und Kollegen aus unterschiedlichen Abteilungen ausbilden zu lassen. Diese Mitarbeiter können dann nach Absprache Sitzungen jeweils anderer Abteilungen moderieren. Ein Mitarbeiter aus dem Vertrieb wird dann beispielsweise eine Brainstorming-Sitzung in der Entwicklungsabteilung, eine Mitarbeiterin aus der Produktion eine Entscheidungsvorbereitung mit Teilnehmern aus Marketing und Vertrieb moderieren. So lässt sich das Prinzip der inhaltlichen Unparteilichkeit relativ unproblematisch verwirklichen.

Das Unternehmen schafft sich so einen Pool von ausgebildeten und nach einiger Zeit auch praxiserfahrenen Moderatoren, die moderierte Sitzungen kurzfristig und professionell durchführen können. Um einen unternehmenseinheitlichen Standard in der Moderation zu erhalten, kann die Ausbildung aller internen Moderatoren gemeinsam erfolgen.

Die Lehrjahre: Bausteine einer systematischen Ausbildung

Eine systematische und profunde Ausbildung zeichnet sich dadurch aus, dass sie die in diesem Buch vorgestellten Inhalte des »Werkzeugkoffers« mit denen des »Prozesskoffers« auf dem Fundament inhaltlicher Unparteilichkeit und personenbezogener Neutralität verbindet. Daraus ergibt sich eine Reihe von wichtigen Ausbildungs-Bausteinen:

Kommunikative Fähigkeiten

Dazu gehören

- Fertigkeiten, die den Kontakt zwischen den Teilnehmern herstellen und die Arbeitsbereitschaft der Gruppe sichern und erhalten, wie »Wiederholen und Zusammenfassen«, »Spiegeln«, »Fragetechniken«, sowie
- Fertigkeiten, die Störungen in der Zusammenarbeit vermeiden oder offenlegen, wie beispielsweise »Konfliktsignale erkennen und als Wahrnehmung ansprechen«.

Moderationsverfahren

Die in diesem Buch beschriebenen Verfahren sollten in der Ausbildung ausführlich geübt werden, um sicher entscheiden zu können, für welche Arbeitsschritte, mit welcher Zielrichtung und in welcher Variation einzelne Verfahren eingesetzt werden können. Darüber hinaus sollten geübte Moderatoren in der Lage sein, andere Gruppenarbeitsverfahren (beispielsweise aus der Kreativitätstechnik) moderationsgerecht aufzubereiten und durchzuführen.

Visualisierungstechniken und Medieneinsatz

Funktion und Grundregeln des Visualisierens; Umgang zumindest mit Pinnwand, Flipchart und Folien als Hilfsmittel in der Moderation; Einüben des situationsangemessenen Visualisierens während des gesamten Moderationsprozesses.

Erfahrungs- und Praxisorientierung

Die Ausbildung sollte sich an den Erfahrungen und an der konkreten Praxis der zukünftigen Moderatoren orientieren. Das bedeutet, dass die Teilnehmer im Training mit Situationen aus ihrer betrieblichen Praxis arbeiten. Das bedeutet aber auch, dass im Training die unternehmensspezifischen Besonderheiten behandelt werden, die die Teilnehmer bei der Anwendung der Moderationsmethode in ihrem Berufsalltag erwarten und/oder befürchten, also beispielsweise Besprechungskultur, Verhalten bei Konflikten oder Führungsstile.

Möglichkeiten zum Üben

Die Ausbildung muss allen Teilnehmern die Möglichkeit geben, mehrere Moderationsabläufe selbst zu planen und durchzuführen. Nur so ist es möglich, die Haltung und das spezifische Verhalten des Moderators zu erleben.

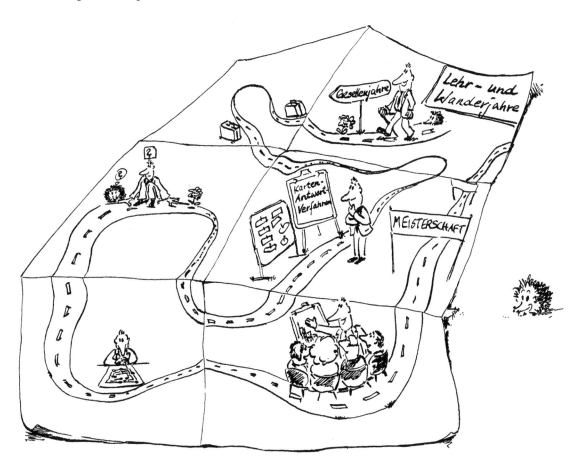

Umfang der Ausbildung

Nach unserer Erfahrung mit der Ausbildung von Moderatoren in unterschiedlichen Unternehmen ist ein zweiteiliges Seminar ein sinnvoller Einstieg. Dabei werden im ersten Teil sämtliche Grundlagen behandelt (Basis und Koffer des Moderators) sowie Übungen in ersten selbst gestalteten Moderationen angeboten. Zum zweiten Teil (drei bis sechs Monate später) bringen die Teilnehmer erste Erfahrungen, erlebte Schwierigkeiten und Erfolge, Fragen sowie aktuelle Fälle und Situationen mit, mit denen sie arbeiten wollen. Dieser Teil dient der Vertiefung und der intensiven Beratung der Einzelnen bei persönlichen Schwierigkeiten und Lernerfahrungen.

Spätere Vertiefungsseminare können sich beispielsweise mit Besonderheiten bei der Moderation von Konflikt-Workshops oder dem Umgang mit Störungen und »schwierigen« Gruppen(mitgliedern) beschäftigen.

Die Wanderjahre – Praxis macht den Meister

Die Wanderjahre finden im betrieblichen Alltag statt über Moderationen in den verschiedenen Abteilungen des Unternehmens. Sie bestehen in der Anwendung des Gelernten und in der Auswertung der dabei gemachten Erfahrungen. Dazu braucht man immer wieder Rückmeldungen von Beteiligten und Auftraggebern. Möglich ist auch ein spezielles Moderatoren-Coaching, bei dem externe Experten erste Praxisschritte begleiten oder bei der Bewältigung schwieriger Moderationsaufgaben unterstützen.

Exkurs:
Vom Pünktchenkleben zum Beratungs-Tool

Auf dem Weg zur modernen Moderation

Zeiten des Wandels

Sie war einmal sehr modern und wahrscheinlich auch ziemlich cool – die Moderationsmethode. In den 90er-Jahren gefeiert und intensiv verbreitet, gab es Moderationsmessen und Moderationsgurus der ersten und dann auch der zweiten Generation. Es gab aufregende Debatten über die inhaltliche Neutralität des Moderators, über die Anonymität beim Kartenschreiben oder die richtige Anzahl der Punkte bei der Bewertung mehrerer Alternativen. Und es wurde das hohe Lied von der Souveränität der Gruppe gesungen, die allein über das inhaltliche Ge- oder Misslingen einer Sitzung zu entscheiden habe. Wehe der Moderatorin oder dem Moderator, die oder der sich an diese Postulate nicht halten wollte. Viel von »Mehr Demokratie wagen« und der »Emanzipation der Mitarbeiter in Organisationen« schwang da mit.

Zu Beginn des 21. Jahrhunderts ist die Moderationsmethode immer noch aktuell und mittlerweile unaufgeregter Teil des betrieblichen Alltags geworden. Sie hat sich weiterentwickelt und sich dabei mit den Anforderungen eines veränderten Alltags auseinandersetzen müssen.

Das gilt vor allem dort, wo es um Veränderungen in Unternehmen und Organisationen geht. Das Aufkommen von *Change*projekten, kontinuierlichen Verbesserungsprozessen (KVP), Process-Re-engineering, um nur einige der in Mode gekommenen Begriffe zu nennen, hat die Moderationsmethode zum unverzichtbaren Handwerkszeug all derer gemacht, die zusammen mit kleineren oder größeren Arbeitsgruppen praxisnahe und tragfähige Ergebnisse erarbeiten müssen.

Wie lässt sich nun die Praxis einer »modernen Moderation« im Vergleich zur Moderation der Anfangsjahre beschreiben? Und welche Konsequenzen hat dies für die Kompetenzen eines Moderators heute?

Veränderte Rahmenbedingungen und ihre Folgen

Natürlich gibt es auch heute noch die Situation, in der sich eine Gruppe trifft, um an einem gemeinsamen Thema zu arbeiten. Die Gruppe hat das Problem definiert, während der Vorbereitung erste Ziele für einen Workshop überlegt, möglichst einen ganzen Tag für die Arbeit reserviert und einen externen Moderator gebeten, ganz im Sinne der klassischen Moderation diesen Workshop zu moderieren. Ein sinnvolles und lohnendes Unterfangen.

Sehr viele Situationen, in denen heute moderiert werden soll, sehen jedoch etwas anders aus: Eine Arbeitsgruppe, beispielsweise aus Vertretern unterschiedlicher Abteilungen, hat den Auftrag bekommen, in mehreren zweistündigen Sitzungen – »*action-team-meetings*« – die Durchlaufzeit bei einem wichtigen Arbeitsprozess um mindestens zehn Prozent zu reduzieren, um ein erhöhtes Arbeitsaufkommen mit den bestehenden Mitarbeitern bei gleicher Qualität bewältigen zu können. Eine weitere Vorgabe könnte sein, dass diese Prozessbeschleunigung innerhalb von acht Wochen umzusetzen ist. Begleitet und moderiert wird der Gruppenprozess von einem externen oder unternehmensinternen Moderator, der auch Teil des beratenden Projektteams sein kann.

An verschiedenen Aspekten wollen wir die Veränderungen beziehungsweise die Weiterentwicklung in der Moderationspraxis deutlich machen.

Die Teilnehmer der moderierten Sitzungen – früher und heute

Für viele der an die klassische Besprechung mit dominierenden Vorgesetzten gewöhnten Mitarbeiter hatte die Teilnahme an einer moderierten Gruppenarbeitssitzung gelegentlich etwas Revolutionäres, zumindest Ungewohntes. Der vom Moderator initiierte und auf Hierarchiefreiheit, gleiche Beteiligung aller, Konfliktsensibilisierung und offene Kommunikation ausgerichtete Gruppenprozess wirkte für sie ungewohnt und vielleicht sogar verstörend. Er stand im Gegensatz zur Einwegkommunikation eines eher rigiden Arbeitsalltags. Viele taten sich schwer mit der Forderung nach aktiver Mitarbeit in den Sitzungen.

Das roch häufig nach »Psychokram« und »Mitbestimmungsgedöns«. Entsprechend lange konnte es dauern, bis wirklich mit dem qualifizierten Arbeiten losgelegt werden konnte.

Das hat sich geändert. Heute kann beobachtet werden, dass viele Mitarbeiter in den Unternehmen schon früh an ersten moderierten Workshops teilnehmen und sich schnell an diese Arbeitsform gewöhnen. Die Moderationsmethode ist nur noch wenigen wirklich fremd. Sie ist zum selbstverständlichen Bestandteil des Arbeitsalltags geworden. Die Teilnehmer einer Sitzung lassen sich meist schnell auf den Arbeitsprozess ein. In weniger optimalen Fällen kennen sie sich zumindest mit den klassischen Moderationsverfahren aus und wissen, wie man mit Stiften auf Karten schreibt. Der zügige Einstieg in das inhaltliche Arbeiten ist in den Vordergrund gerückt.

Souverän des Arbeitsprozesses

Früher galt: »Die Gruppe ist der Souverän des Arbeitsprozesses und bestimmt eigenständig über Wohl und Wehe dessen, was in der Sitzung geschieht. Der Moderator nimmt dabei eine dienende Haltung ein.« Natürlich kann auch heute nicht gegen die Gruppe gearbeitet werden. Wenn sie absolut nicht will, dann geht nicht viel, und wenn die Gruppe sich begeistert an einem Nebenthema festbeißt (beispielsweise am beliebten »Wir sollten uns erst einmal darüber unterhalten, was IT in den letzten Jahren versäumt hat!«), dann ist es für den Moderator nicht leicht, sie davon wegzubringen. Nur: Wurden früher moderierte Sitzungen hin und wieder dafür genutzt, Gruppen zu eigenverantwortlichem Handeln zu »erziehen« oder das Mitbestimmungspotenzial von Gruppenteilnehmern zu fördern, so geht es heute ganz nüchtern darum, in mehreren Treffen beispielsweise eine Prozessverbesserung zu erzielen. Sollte die Gruppe das anders sehen, wird schnell ein Fall für die Auftraggeber oder die Unternehmensleitung daraus.

Die Gruppensouveränität ist deutlich auf das qualifizierte Bearbeiten der gestellten Aufgabe konzentriert. Der Gruppe wird zugemutet, von Beginn der Sitzung an intensiv und konstruktiv am Thema zu arbeiten. Ihr Handlungs- und Entscheidungsspielraum ist in vielen Fällen eindeutig enger und bestimmter geworden.

Ziele der Sitzung

Während in den Anfangsjahren der Moderationsmethode nicht für jede Sitzung eindeutige Ziele festgelegt wurden und sich eine gemeinsame Zielfindung und -formulierung in der Gruppe oft zäh und langwierig gestaltete, fühlt sich der moderne Moderator heute bereits vor Beginn der Sitzung für eine umfangreiche Zielklärung verantwortlich. Dazu werden die Zielvorstellungen des Auftraggebers in ein realistisches und in der vorgegebenen Zeit auch zu erreichendes Ziel ausformuliert. Für dieses Ziel muss der Moderator gelegentlich durchaus engagiert werben, zumindest muss er es vertreten und in der Sitzung auch erreichen. Dafür wird er bezahlt.

Inhaltlich unparteiisch I

In der klassischen Moderation bildet die inhaltliche Unparteilichkeit, manche sprechen dabei auch von »inhaltlicher Neutralität«, einen Grundpfeiler der Methode. Der Moderator verhält sich in der Moderation absolut inhaltlich unparteiisch. Er hält sich bei sämtlichen Bewertungen oder sonstigen inhaltlichen Betrachtungen heraus. Dies führte nicht selten dazu, dass Moderatoren sich in dem gerade behandelten Thema überhaupt nicht auskannten. Ja, es wurde sogar inhaltliches Nichtwissen als Vorteil für das Durchführen korrekter Moderationen angesehen, denn nur so konnte angeblich gesichert werden, dass sich ein Moderator auf keinen Fall zu einer wie auch immer gearteten inhaltlichen Eingabe verleiten ließ.

Die Praxis heute? Inhaltliches Nichtwissen ist für einen Moderator von Nachteil. Gefordert wird, dass der Moderator sich in dem Thema auskennt, das behandelt wird. Dazu muss er kein ausgewiesener Experte sein. Er sollte jedoch wenigstens in der Lage sein, die komplexen Anforderungen der Themenstellung zu begreifen und sie in realistisch zu bearbeitende Arbeitsschritte umzusetzen. Nicht jede Moderationsmethode eignet sich für jedes Thema, aber jedes Thema benötigt eine maßgeschneiderte Vorgehensweise für seine Bearbeitung. Dazu benötigt der Moderator Fachwissen.

Um die Gruppe auf ihrem Weg zum vereinbarten Ziel zu unterstützen, muss der Moderator zudem in jeder Phase des Arbeitsprozesses beurteilen können, wann Nebenthemen erörtert werden oder wann der rote Faden der Sitzung verlassen wird. In einer zweistündigen Sitzung kann nicht jedes Hobbythema in der Gruppe breit ausgewälzt werden. Auch hier ist inhaltliche Kompetenz des Moderators gefragt, um vor Irrwegen in der Diskussion zu bewahren.

Und ein drittes Argument für Fachwissen des Moderators wird zunehmend wichtig: Vor allem moderierende Berater, firmeninterne wie auch externe, sind in Projekten nicht nur dafür verantwortlich, dass eine Arbeitsgruppe in einer vorgegebenen Zeit ein Ergebnis erarbeitet, sie sind auch dafür verantwortlich, dass dieses Ergebnis »Spitzenqualität« besitzt. So lässt sich eine Prozessbeschleunigung von zehn Prozent, realisierbar in acht Wochen, möglicherweise auf verschiedene Arten und Weisen bewerkstelligen, jede mit anderen Vor- und Nachteilen.

Zeichnet sich im Arbeitsprozess der Gruppe ab, dass diese auf eine zweitklassige Lösung hinarbeitet, obwohl es in der Gruppendiskussion auch schon bessere Möglichkeiten gegeben hat, kann dies vom Moderator nicht ignoriert werden. Er muss während des Arbeitsprozesses also auch die Qualität der Diskussion beurteilen können und gegebenenfalls eingreifen.

Ein so »fachlich mitdenkender« Moderator begleitet den Arbeitsprozess wesentlich präziser, als dies früher der Fall war. Zudem haben die Teilnehmer nicht ständig das Gefühl, dem »fachlich unbedarften« Moderator etwas erklären zu müssen – was bei skeptischen Moderationsteilnehmern oft zur Abwertung der Moderatorenleistung an sich geführt hatte.

Eine Folge dieser Entwicklung ist: Die Ansprüche an die Fachkompetenz des Moderators sind deutlich gestiegen, er muss immer auf »Ballhöhe« bei der Diskussion fachlicher Fragen sein.

Inhaltlich unparteiisch II

Ist der Moderator dann aber noch Moderator, wenn er inhaltlich eingreift? In diesem Augenblick natürlich nicht – er wechselt seine Rolle. Guten Beratern/Moderatoren gelingt dieser Wechsel von der moderierenden in die teilnehmende Rolle. Sie können der Gruppe glaubhaft und authentisch vermitteln, warum und wann sie zeitweise inhaltlich eingreifen, ohne damit das Engagement der Experten zu behindern.

Problematisch wird es in der Praxis immer dann, wenn das inhaltliche Einmischen »elegant und manipulativ« erfolgt: »Haben Sie vielleicht einmal darüber nachgedacht, in Richtung … zu arbeiten?« Gruppen spüren den Versuch, die wahre Absicht zu verschleiern, und reagieren in der Regel mit Misstrauen und Zurücknahme.

Dennoch …

Auch wenn ein »moderner Moderator« inhaltlich bis zu einem gewissen Maß mitreden können und während der Sitzung gelegentlich auch inhaltlich Stellung beziehen muss, ist und bleibt Grundlage für sein erfolgreiches Handeln die Fähigkeit, einen Gruppenarbeitsprozess inhaltlich unparteiisch begleiten zu können. Dies hat viel mit einer inneren Haltung zu tun, die darauf ausgerichtet ist, Menschen zu aktivieren, sie zum Mitmachen zu motivieren, ihnen die Freude am Mitgestalten zu vermitteln. Dabei hilft in erster Linie eine aktive und offene Fragetechnik sowie das Aufnehmen und Veröffentlichen/Visualisieren von Meinungen und Ansichten, die in der Gruppe diskutiert werden. Dazu gehört auch das professionelle Beherrschen möglichst vieler Moderationsverfahren.

Die Kompetenz, einen Arbeitsprozess konsequent inhaltlich unparteiisch begleiten zu können, bleibt also auch künftig für einen Moderator unverzichtbar. Und diese Forderung kann nicht ernst genug genommen werden: Inhaltlich mitmischen, eigene Interessen vertreten oder mit geschlossenen Fragen andere Menschen in eine bestimmte Richtung lenken, das alles ist den meisten Berufstätigen vertraut – angefangen im Sandkasten, trainiert in der Schule und perfektioniert im Berufsleben. Dagegen ist die Kompetenz, Menschen in ihren Problemlösungsversuchen wirklungsvoll zu begleiten und nicht zu bevormunden, für viele Neuland, und für die Profis unter den zukünftigen Moderatoren stellt dies eine spannende Herausforderung dar. Und nur wer über diese Kompetenz verfügt, wird in der Praxis überzeugend auch inhaltlich in einen Arbeitsprozess eingreifen können. Es ist wie im richtigen Leben: »Der Meister zerbricht die Form, der Anfänger zerdeppert lediglich das Geschirr.«

Personenbezogene Neutralität

Hier hat sich im Laufe der Entwicklung überhaupt nichts verändert: Der Moderator verhält sich allen Teilnehmern der Sitzung gegenüber in gleicher Weise wertschätzend. Er bevorzugt oder benachteiligt niemanden. Vielleicht hat diese Forderung heute sogar noch an Bedeutung zugenommen: Vor allem in Veränderungsprojekten herrscht ein hohes Maß an Betroffenheit der einzelnen Personen, gelegentlich kommt es auch zu Verunsicherung bis hin zu Befürchtungen, was die eigene Rolle und die langfristigen Perspektiven im Unternehmen angeht. Vor diesem Hintergrund wirkt ein Moderator, der nicht allen gegenüber gleichermaßen wertschätzend auftritt, unprofessionell und kontraproduktiv.

Durch die zunehmende Zielklärung zwischen Moderator und Auftraggeber bereits im Vorfeld einer Moderation, stellt diese personenbezogene Neutralität immer dann eine besondere Herausforderung dar, wenn der Auftraggeber mit in der Gruppe sitzt und sich Fronten – auch gegen ihn – bilden.

Zeit

Die Moderationsmethode hat den Ruf, besonders zeitintensiv zu sein. Häufig wurde den langwierigen Diskussionen und zähen Konsensfindungsprozessen mehr Aufmerksamkeit geschenkt als dem Erreichen eines inhaltlichen Ziels in einer vorgegebenen Zeit.

Nun hat auch in der Moderation die »moderne Hetze« Einzug gehalten: In Veränderungsprojekten steht für moderierte Arbeitssitzungen nicht beliebig viel Zeit zur Verfügung. Moderator und Gruppe sind gehalten, den vorgegebenen Zeitrahmen einzuhalten. Das bedeutet für den Moderator, dass er das Arbeitsziel so formuliert (beziehungsweise im Vorfeld mit dem Auftraggeber und zu Beginn mit den Teilnehmern abstimmt), dass es in der zur Verfügung stehenden Zeit auch erreicht werden kann. Realistische Zeitplanungen stellen eine immer wichtiger gewordene Anforderung an Moderatoren dar. So muss der Moderator natürlich auch dafür Sorge tragen, dass er Arbeitsschritte und -methoden wählt, die diese zügige Zielerreichung unterstützen.

Beispielsweise kann das berühmte Clustern im Anschluss an das Karten-Antwort-Verfahren entweder zeitaufwendig (alle entscheiden mit) oder sehr zeitsparend (zwei bis drei Teilnehmer arbeiten vor) gestaltet werden. Auf die Zeit zu achten bedeutet für den Moderator aber auch, dass er die Gruppe durch Fragen etwas mehr »vorantreibt«, als dies noch vor einigen Jahren »schicklich« gewesen wäre.

Bei aller modernen Zeitökonomie gilt jedoch auch heute: Eine moderierte Sitzung, bei der sich alle Teilnehmer intensiv beteiligen, braucht etwas Zeit, um anspruchsvolle Ergebnisse zu erzielen. »Zäh und zeitfressend« muss jedoch nicht mehr sein.

»Kleben Sie doch bitte einen Punkt!«

In einem in die Jahre gekommenen Moderationsfilm kann man erleben, wie der Moderator die Gruppe zu Beginn der moderierten Besprechung auf einer Befindlichkeitsskala einen Punkt kleben lässt, frei nach der Frage: »Wie geht es mir heute Morgen?« Zwei Teilnehmer dürfen dann noch das Gruppenergebnis kommentieren, bevor der Moderator ohne weiteren Bezug zu dieser »Punkterei« mit dem nächsten Arbeitsschritt weitermacht. Der Kommentar aus dem Off: »So einfach geht das ...«

Die Spätfolgen eines derart oberflächlichen und fahrlässigen Umgangs mit Stimmungsabfragen kann man heute noch bei so manchen Kollegen erleben: Sie alle haben schon einmal Punkte kleben müssen, ohne das Ziel dieser Übung mitgeteilt bekommen und die Konsequenzen daraus erlebt zu haben. Unzählige Moderatoren kleben Stimmungspunkte, weil sie zwar das Punktekleben technisch beherrschen, nicht aber erläutern (können), welchen Zweck eine Stimmungsabfrage im Arbeitsprozess sowohl für die Gruppe als auch für den Moderator hat. Und selten werden auch die direkten Konsequenzen einer geklebten Punktelandschaft vermittelt, geschweige denn, dass das Kleben der Punkte anonym geschähe, was vor unangenehmer Beeinflussung durch dominante Meinungsführer schützte. So verkommt dieses Verfahren zur bloßen Technik und verärgert die Anwesenden.

Da viele Teilnehmer schon mit einer gehörigen Portion Widerwillen gegen das Punktekleben in eine Arbeitssitzung kommen, überlegen viele Moderatoren heute gründlich, ob und wie sie dieses Verfahren als wichtigen Teil des gesamten Prozesses einsetzen. Hat ein Moderator die Zeit dazu (was in kurzen Workshops eher selten der Fall ist) und kann er die Gruppe davon überzeugen, dass eine Stimmungsabfrage für den Arbeitsprozess und das Erreichen eines qualitativ hochwertigen Ziels notwendig ist, dann sollte er dieses Verfahren einfühlsam und überzeugend durchführen. Ansonsten sollte er auf jegliche Formen von Stimmungsabfrage verzichten (siehe auch Kapitel 8 »Ablauf einer moderierten Sitzung« sowie Kapitel 9 »Verfahren der Moderation: Arbeitshilfen für die Praxis«).

Visualisierungen

Während zu jeder ordentlichen Moderationsausbildung eine einführende »Schreibausbildung« mit richtiger Handhaltung der Stifte gehörte, wird dem heute (leider) nicht mehr so viel Aufmerksamkeit zuteil. Dabei wirkt eine einigermaßen leserliche Schrift nach wie vor professioneller als die schnell hingeschmierten Hieroglyphen von Leuten, die nur noch per SMS kommunizieren und das Schreiben mit der Hand verlernt haben. Auch heute noch fallen Moderatoren auf, die nicht nur leserlich schreiben, sondern auch ansprechend visualisieren können. Ob man dazu gleich einen *Visual Facilitator* braucht, der während der Moderation die diskutierten Inhalte in anschauliche Bilder übersetzt, sei dem Geldbeutel des auftraggebenden Unternehmens überlassen. Visualisieren lässt sich lernen.

Einfach ist heute jedoch die Weiterverarbeitung der Ergebnisse: Abfotografieren, abspeichern, verschicken.

Zur Ausbildung

Die Autoren hatten vor über 15 Jahren die Möglichkeit, an der Erstellung und Erprobung eines Moderationscurriculums für ein großes deutsches Unternehmen mitzuwirken. Konzipiert wurde ein mehrteiliges, insgesamt neuntägiges Seminar, das mit viel Begeisterung von den zukünftigen unternehmensinternen Moderatoren besucht wurde. Für die Ausbildung professionell arbeitender Moderatoren scheinen uns neun Tage nicht zu viel. Nur lassen sich so lange Seminare heute nicht mehr realisieren. Denn auch das hat sich im Laufe der Zeit geändert: Zwar sind die Anforderungen an einen modernen Moderator gestiegen, die für seine Ausbildung zur Verfügung stehende Zeit hat sich jedoch verkürzt. Zweitägige Moderationstrainings sind für viele Unternehmen, vor allem für Consulting-Firmen, die Regel. Natürlich lässt sich bei intensiver Vorbereitung vor dem Training sowie mit einem intelligenten Seminarkonzept auch in zwei Tagen eine Menge Moderation trainieren, die erfahrungsgestützte Professionalität muss dann jedoch *on the job* erworben werden, im günstigen Fall unter Begleitung eines Coaches und erfahrener Kolleginnen und Kollegen.

Auf einen Blick:
Checklisten für die Praxis

Checkliste Vorbereitung einer moderierten Arbeitssitzung
Checkliste Ablauf einer moderierten Arbeitssitzung
Übersicht Die gebräuchlichsten Verfahren für moderierte Arbeitssitzungen

Die nachfolgenden Checklisten verfolgen zwei Ziele:

- Sie dienen als *Zusammenfassung* der wichtigsten, in diesem Buch behandelten Schritte zur Vorbereitung und zum Ablauf einer Moderation. Damit sollen Ihnen als Leserin und Leser noch einmal die Kernaussagen in Erinnerung gerufen werden, um Ihnen den Einstieg in die Moderationspraxis zu erleichtern.
- Darüber hinaus sollen die Checklisten all denen als *Arbeitshilfe* bei der Vorbereitung und Durchführung der eigenen Moderation dienen, die das Buch zwar gelesen, die anstehende Moderation aber erst einige Zeit danach durchführen werden. Sie müssen dann nicht wieder den gesamten Text durcharbeiten, sondern können mit Hilfe der Checklisten sehr schnell in die praktische Arbeit einsteigen.

Ein Tipp: Kopieren Sie sich die Checklisten für die Vorbereitung Ihrer nächsten Moderation. Die Kästchen ❑ vor den einzelnen Punkten dienen zum Ankreuzen, wenn Sie den Punkt oder die Frage dahinter durchdacht oder berücksichtigt haben.

Ein Hinweis: Die einzelnen Vorschläge sind bewusst ausführlich formuliert. Sie dienen in erster Linie als Anregungen für das eigene Vorgehen. Denn natürlich ist nicht jeder Gesichtspunkt für jede moderierte Sitzung auch gleich relevant. So manchen Punkt kann man in der eigenen Sitzung auslassen, ein anderer bekommt dafür mehr Bedeutung. Sinnvoll ist es jedoch bei der Vorbereitung einer Sitzung, alle Punkte zu durchdenken und erst einmal ernst zu nehmen. Nur so kann man gewährleisten, dass nichts Wichtiges vergessen wird.

Checkliste
Vorbereitung einer moderierten Arbeitssitzung

Das Thema und die Hintergründe

- [ ] Wie lautet das Thema, das in der Sitzung behandelt werden soll?

- [ ] Wie sieht die Vorgeschichte der moderierten Sitzung aus? Was davon hat Einfluss auf die weitere Planung und die Durchführung der Moderation?

- [ ] Wer hat die Moderation veranlasst, wer ist Auftraggeber? Wie sehen die Interessen des Auftraggebers aus, wo kann mit Unterstützung, wo muss mit Schwierigkeiten gerechnet werden?

- [ ] Wie kann die Unterstützung des Auftraggebers für die spätere Umsetzung der Arbeitsergebnisse gesichert werden?

- [ ] In welche aktuell stattfindende Gesamtmaßnahme (Organisationsentwicklungs-, Personalentwicklungsprojekt etc.) ist die zu moderierende Sitzung eingebettet? Was bedeutet das für die Zielsetzung, Auswahl der Teilnehmer sowie für die Umsetzung der erarbeiteten Ergebnisse in die betriebliche Praxis?

Das Ziel

- [ ] Leitfrage: »Was soll die Gruppe am Ende der Arbeitssitzung in Bezug auf das Thema der Sitzung erreicht haben?«

- [ ] Ist das Ziel vom Auftraggeber vorgegeben oder soll es von der Gruppe eigenständig festgelegt werden?

- [ ] Worum geht es konkret bei dem Ziel? Sollen:
  - Informationen gesammelt,
  - Lösungsvorschläge, Maßnahmen, Vorgehensweisen entwickelt oder
  - in der Sitzung konkrete Entscheidungen gefällt werden?

- [ ] Wie genau sieht also der Entscheidungsspielraum der Gruppe aus?
- [ ] Wie realistisch ist die Zielerreichung?
- [ ] Wie viel Zeit wird die Gruppe voraussichtlich brauchen, um das vorgesehene Ziel zu erreichen?

Die Teilnehmer

- [ ] Wer sind die Teilnehmer an der Arbeitssitzung?
- [ ] Wie sehen die Interessen und die Einstellungen der Teilnehmer an der Sitzung aus?
- [ ] Wo liegen mögliche »Knackpunkte« der Sitzung, wo können auf der Sachebene oder der persönlichen Ebene Konflikte entstehen?
- [ ] Wie vertraut ist den Teilnehmern die Moderationsmethode?

Die Einleitung in die moderierte Sitzung

- [ ] Wie begrüße ich die Teilnehmer?
- [ ] Wie stelle ich Anlass und Hintergrund der Sitzung dar?
- [ ] Wie erläutere ich den Teilnehmern die Besonderheiten einer moderierten Sitzung?
- [ ] Wie erkläre ich den Teilnehmern die Besonderheiten meiner Rolle als Moderatorin?
- [ ] Wie stelle ich das Ziel (oder die einzelnen Teilziele) der Sitzung dar?

oder

- [ ] Wie unterstütze ich die Gruppe bei der Zielfindung und -formulierung?
- [ ] Wie erfasse ich die Stimmungen in der Arbeitsgruppe und erreiche, dass mögliche Störungen vor dem Einstieg in das Arbeiten bearbeitet oder geparkt werden?
- [ ] Wie erfasse ich die Erwartungen der Teilnehmer an die moderierte Sitzung und gleiche sie mit dem Ziel der Veranstaltung ab?
- [ ] Wie führe ich den Fragenspeicher ein?

☐ Welche Spielregeln für den Umgang miteinander möchte ich anbieten und mit der Gruppe vereinbaren?

☐ Wie stelle ich den von mir angedachten Ablauf und den Zeitrahmen der gesamten Sitzung vor?

Der Hauptteil der moderierten Sitzung

☐ Welche Arbeitsschritte biete ich der Gruppe zur Bearbeitung des Ziels an?

☐ Welche Moderationsverfahren schlage ich der Gruppe für die Bearbeitung der einzelnen Arbeitsschritte vor?

☐ Wie lauten die konkreten Arbeitsfragen und spezifischen Ziele für die einzelnen Arbeitsschritte, die ich anbieten werde?

☐ Wie visualisiere ich Ziele, Spielregeln und Arbeitsfragen der verschiedenen Moderationsverfahren?

☐ Wie organisiere ich die Ergebnissicherung einzelner Arbeitsschritte?

Der Schlussteil der moderierten Sitzung

☐ Wie gestalte ich den Aktionsplan/Maßnahmenplan für das weitere Vorgehen im Anschluss an die Sitzung?

☐ Was kann ich der Gruppe an Methoden anbieten, damit vereinbarte Maßnahmen in der Praxis eine möglichst hohe Realisierungschance haben und nicht schon nach wenigen Tagen als Luftblasen zerplatzen?

☐ Wie bearbeite ich die Inhalte des Fragenspeichers?

☐ Mit welchem Verfahren und welcher Fragestellung biete ich der Gruppe eine mögliche Stimmungsabfrage nach Beendigung der inhaltlichen Arbeit an?

☐ Wie gestalte ich den Abgleich der anfänglichen Erwartungen der Teilnehmer mit den erzielten Ergebnissen?

☐ Welche Fragestellung biete ich der Gruppe für die Rückmelderunde zur moderierten Sitzung und zu meiner Tätigkeit als Moderatorin an?

- [ ] Wie verabschiede ich mich von der Gruppe?
- [ ] Wie viel Zeit plane ich für den gesamten Abschlussteil der Sitzung ein?

Wichtig: Visualisierungen!

- [ ] Zu welchen Arbeitsschritten oder Verfahren muss ich Visualisierungen vorbereiten? (Vorbereitete Visualisierungen bieten sich für das Ziel, die Regeln oder für einzelne Verfahren und die dazu vorbereiteten Arbeitsfragen an.)

Die Rahmenbedingungen und die Technik

- [ ] Eignet sich der Raum nach Größe und Ausstattung für die Sitzung? Was muss verändert oder ergänzt werden? Wie können mögliche Störungen von außen ausgeschlossen werden?
- [ ] Was wird für das körperliche Wohlbefinden getan (Pausenmöglichkeiten, Getränke, Mahlzeiten)?
- [ ] Welche Visualisierungsmöglichkeiten und Medien sind vorhanden, welche muss ich organisieren?
- [ ] Welche Arbeitsmittel (Stifte, Karten, Papier, Folien, Nadeln, Klebepunkte, Digitalkamera etc.) sind vorhanden, welche muss ich organisieren?

Die Einladung

- [ ] Wer soll eingeladen werden?
- [ ] Welche Informationen für ein Einladungsschreiben benötige ich noch?
  – Anfangszeit und vorgesehene Dauer der Veranstaltung,
  – Ort/Adresse,
  – Hintergrund und Anlass,
  – Ziele (soweit schon bekannt),
  – Ablauf/Tagesordnung (soweit schon bekannt).

Checkliste
Ablauf einer moderierten Arbeitssitzung

Der hier vorgeschlagene Fahrplan stellt eine von vielen Möglichkeiten für den Einstieg, den Verlauf und den Ausstieg aus einer moderierten Gruppenarbeitssitzung dar. Er ist zudem sehr ausführlich gehalten, um für die Vorbereitung der eigenen Sitzung möglichst viele Angebote zu machen. Die letztendliche Auswahl dessen was in einer konkreten Sitzung zur Anwendung kommt, entscheidet der Moderator mit Blick auf den Auftrag, die Gruppe und die zur Verfügung stehende Zeit.

Begrüßung, persönliche Vorstellung

- [ ] Mögliche Verfahren für die »Anwärmphase«, den Bau von Beziehungsbrücken, das Ankommen auf der Gefühlsebene: Ein-Punkt-Abfrage, Blitzlicht, spielerische Verfahren zur persönlichen Vorstellung von Teilnehmern, die sich untereinander nicht kennen.

Anlass und Hintergrund der Gruppenarbeit

- [ ] Warum findet die Sitzung statt?
- [ ] Eventuell Hinweise zur Vorgeschichte.
- [ ] Warum wurde die Moderationsmethode gewählt?

Kurzdarstellung der Moderationsmethode und der Rolle des Moderators

- [ ] Leistungen und Grenzen der Moderation darstellen.
- [ ] Inhaltliche Unparteilichkeit des Moderators klarstellen und begründen – Methodenverantwortung des Moderators ansprechen.
- [ ] Spielregel- und Zeitmitverantwortung der Gruppe ansprechen.

☐ Bereitschaft der Gruppe abklären, sich auf die Moderationsmethode und die Person des Moderators einzulassen.

Zeitrahmen für die gesamte Sitzung vereinbaren

☐ Die Zeitmarken visualisieren.,

Das zu Beginn der Sitzung vorliegende Ziel für die moderierte Sitzung vorstellen und abklären

☐ Das Ziel so formulieren und visualisieren, dass es für jeden Teilnehmer gleichermaßen verständlich ist.

Alternative:

☐ Das Ziel der Sitzung durch die Gruppe erarbeiten und formulieren lassen.

Einführung in das Thema

☐ Gleichen Informationsstand für alle Gruppenmitglieder herstellen.

☐ Für alle sichtbar visualisieren.

☐ Experteneinsatz koordinieren und begleiten.

Stimmungen der Gruppenmitglieder abfragen/abbilden

☐ Erstellen eines themenbezogenen Stimmungsbildes (beispielsweise durch Blitzlicht, Ein-Punkt-Abfrage).

☐ Folgerungen für das weitere Arbeiten mit der Gruppe abstimmen.

Erwartungen der Gruppenmitglieder

☐ Mögliche Verfahren für die Erwartungsabfrage: Zuruf-Antwort-Verfahren, moderierte Diskussion.

- [ ] Sammlung und Abgleich der Erwartungen: Wie vertragen sich die Erwartungen mit
    - dem Ziel,
    - dem Zeitrahmen,
    - der Tagesordnung?

Regeln

- [ ] Bedeutung und Funktion von Spielregeln erläutern.
- [ ] Die Gruppe darin unterstützen, eigene Spielregeln zu vereinbaren.
- [ ] Möglicherweise Spielregeln anbieten.

Fragenspeicher

- [ ] Bedeutung und Funktion des Fragenspeichers vorstellen.

Eine Struktur für den Ablauf der Sitzung vorschlagen

- [ ] Eine Gesamtstruktur vorschlagen.
- [ ] Einzelne Moderationsverfahren anbieten.

Darstellung des ersten Arbeitsschrittes und des ersten Verfahrens

- [ ] Begründen, warum ein bestimmtes Verfahren durchgeführt werden soll.
- [ ] Ziel des Verfahrens vorstellen.
- [ ] Ablauf des Verfahrens, die einzelnen Schritte und die besonderen Verfahrensregeln vorstellen.
- [ ] Zeiten vorgeben und vereinbaren.
- [ ] Die konkrete Arbeitsaufgabe stellen; die Arbeitsfrage formulieren.
- [ ] Das Verständnis bei den Teilnehmern sichern.

Abarbeiten des angelegten Fragenspeichers

☐ Wie will die Gruppe mit den gesammelten Fragen weiter verfahren?

Aktionsplan/Maßnahmenplan

☐ Wer macht was, bis wann, mit welcher Unterstützung und wie?

☐ Woran kann erkannt beziehungsweise »gemessen« werden, ob die Maßnahme erfolgreich war?

☐ Gibt es ein Folgetreffen? Wann, wo, mit wem?

Abschließende Stimmungsabfrage

☐ Mögliche Verfahren: Punkt-Abfrage, Blitzlicht.

☐ Mögliche Folgerungen für das weitere Arbeiten mit der Gruppe kurz abstimmen.

Abgleich der Erwartungen der Gruppenmitglieder

☐ Abgleich der Ergebnisse der Sitzung mit den eingangs gesammelten Erwartungen. Mögliche Fragestellung: Welche Erwartungen wurden erfüllt, welche nicht? Was folgt daraus für das weitere Vorgehen?

Beenden der Moderation

☐ Zusammenfassende Beschreibung der gesamten Gruppenarbeit.

☐ Moderation für beendet erklären.

Rückmeldungen zur erlebten Moderation

☐ Mögliche Fragestellung an die Gruppenmitglieder und den Moderator: Was hat mir an der Moderation/an der Moderationsmethode gefallen und sollte beim nächsten Mal genauso gemacht werden?

☐ Was hat mir weniger gefallen, was konkret sollte beim nächsten Mal anders gemacht werden?

Übersicht
Die gebräuchlichsten Verfahren für moderierte Arbeitssitzungen

Aufgezeigt wird:	• Was ... ist wozu besonders geeignet? • Was ist bei der Durchführung besonders zu beachten? (= →)
Blitzlicht	Zur momentanen Stimmungsfeststellung. Zur Klärung der Ausgangsbasis in Krisensituationen. → Auf Einhaltung der Spielregeln achten, vor allem: »Kein Kommentar zu den gemachten Aussagen«. → Konsequenzen für das weitere Vorgehen besprechen.
Ein-Punkt-Abfrage	Zum spontanen Feststellen von Stimmungen, Meinungen und Tendenzen. Ermöglicht erste Problem- und Themenorientierung. → Aussagen der »Auswertungsrunde« visualisieren. → Konsequenzen für das weitere Vorgehen besprechen. → Vorsicht: nutzt sich schnell ab, sparsam verwenden.
Karten-Antwort-Verfahren und **Gruppenbildungsverfahren** (Klumpen, Clustern)	Zum breiten, unbewerteten und anonymen Sammeln von Meinungen, Kenntnissen und Erfahrungen. Erster Schritt einer vertiefenden und detaillierten Problem-/Themenbearbeitung. → So weit wie möglich Anonymität der Kartenschreiber wahren. → Beim Klumpen auf zügiges Vorgehen achten.
Zuruf-Antwort-Verfahren	Zum breiten, unbewerteten Sammeln von Meinungen, Kenntnissen und Erfahrungen. Als schneller Einstieg in die Problem- beziehungsweise Themenbearbeitung. → Gruppe sollte bereits etwas miteinander vertraut sein. → Kommentierungen und Diskussion der einzelnen Beiträge während der Sammlung kurz halten.
Gewichtungsverfahren	Alle Teilnehmer sollen gleichberechtigt Reihenfolgen festlegen, Anforderungsprofile erstellen, Alternativen bewerten, Dringlichkeiten/Prioritäten bestimmen können. → Die Konsequenzen der Gewichtung müssen der Gruppe vorher klar sein. → Die Arbeitsfrage, nach der gewichtet werden soll, muss sorgfältig, eindeutig und verständlich formuliert sein.
Moderierte Diskussion	Zur intensiven, zielgerichteten Diskussion der Teilnehmer untereinander. → Am Thema, an der Ausgangsfragestellung bleiben. → Möglichst viel visualisieren.
Kleingruppenarbeit mit Szenarien	Um die Themenbearbeitung in die Tiefe zu ermöglichen. Um Spezialwissen zu einem Thema zusammenzutragen (arbeitsteilige Gruppenarbeit). → Arbeitsszenarien themenbezogen und zielgerichtet vorbereiten und anbieten. → Art der Präsentation im Voraus bekannt geben.

Übersicht
Die gebräuchlichsten Verfahren für moderierte Arbeitssitzungen

Aufgezeigt wird:	• Was ... ist wozu besonders geeignet? • Was ist bei der Durchführung besonders zu beachten? (= ➔)

Brainstorming	Zur Förderung des kreativen Potenzials aller Teilnehmer bei der Suche nach Ideen für Problemlösungen.
	➔ Vor allem auf die Einhaltung der Spielregeln achten:
	    – »Masse vor Klasse«,
	    – »keine Kritik/Bewertung«,
	    – »kein Copyright«,
	    – »Spinnen« ist erlaubt.
	➔ Brainstorming-Sitzungen erzeugen eine Vielzahl von Ideen, also eine hohe Komplexität, die zielgerichtet weiterverarbeitet werden müssen. Also weitere Arbeitsschritte überlegen.

Fragenspeicher	Um Fragen, offene Diskussionspunkte etc., die während der Sitzung entstehen, festzuhalten und dadurch ihre spätere Bearbeitung in der Gruppe zu sichern. ➔ Im Verlauf der moderierten Sitzung einen Platz für die Bearbeitung der verschiedenen Fragen etc. einplanen und rechtzeitig vor Ende der Sitzung die Punkte abarbeiten.
Maßnahmenplan, Aktionsplan, Tätigkeitskatalog	Um die Umsetzung von Maßnahmen in die Praxis nach der Sitzung konkret zu planen. Um persönliche Verantwortungen für Folgeaktivitäten sowie den zeitlichen Rahmen dafür festzulegen. ➔ Auf Realisierbarkeit achten (das Ende einer Sitzung erzeugt häufig eine unrealistische »Übernahmeeuphorie« einzelner Beteiligter). ➔ Nur Personen als Verantwortliche/Durchführende benennen, die auch anwesend sind.

Ausgänge:
Literatur und Verabschiedung

Anregungen zum Weiterlesen
Verabschiedung von diesem Buch: Eine praktische Übung
Über das Zustandekommen des Buches
Die Autoren

Anregungen zum Weiterlesen

Hartmann, Martin/Röpnack, Rainer/Baumann, Hans-Werner: Immer diese Meetings! Besprechungen, Arbeitstreffen, Telefon- und Videokonferenzen souverän leiten, 2002.

Besprechungen leiten – die ergänzende Alternative zur Moderation! Aus dem Inhalt: Besprechungen zielgerichtet vorbereiten, strukturieren und kommunikativ leiten. Außerdem: Tipps für den Umgang mit Konflikten und Störungen sowie Hinweise für die E-Seite von Besprechungen: Telefon- und Videokonferenzen, Electronic Meetings.

Hartmann, Martin; Funk, Rüdiger; Nietmann, Horst: Präsentieren. Präsentationen zielgerichtet und adressatenorientiert, 7. Auflage 2003.
Auch in moderierten Sitzungen wird immer wieder präsentiert. Dazu Tipps und Anregungen für die Vorbereitung und Durchführung, den persönlichen Auftritt, das Lampenfieber und – wichtig für eine Moderation – den Umgang mit den Medien in einer Präsentation, vom Flipchart bis zum Beamer.

Trotz PC, Beamer, LCD und Overhead – die zentralen Medien in der Moderation sind Flipchart und Pinnwand. Für alle, die mehr über den Umgang mit diesen Medien und das Visualisieren erfahren wollen:
- Weidenmann, Bernd: 100 Tipps und Tricks für Pinnwand und Flipchart, 3. Auflage 2003.
- Schnelle-Cölln, Telse/Schnelle, Eberhard/Schrader, Einhard: Visualisieren in der Moderation, 2001.
- Hans-Jürgen Frank: Ideen zeichnen, Ein Schnellkurs für Trainer, Moderatoren und Führungskräfte, 2004.

Langmaack, Barbara/Braune-Krickau, Michael: Wie die Gruppe laufen lernt. Anregungen zum Planen und Leiten von Gruppen, 7. Auflage 2000.
Um Gruppen begleiten zu können, braucht der Moderator Wissen über und Erfahrungen mit Gruppenprozessen. Das vorliegende Buch basiert auf den Ideen der Themenzentrierten Interaktion und beschäftigt sich mit dem Gruppengeschehen in allen seinen Ablaufphasen, von der Vorbereitung bis zum Abschluss. Besonderer Wert wird dabei auf die »psychosozialen Prozesse«, die Beziehungsebene der Gruppenentwicklung gelegt. Ein Buch in erster Linie für Trainer und Leiter, die mit Erwachsenengruppen arbeiten möchten, zur Vertiefung aber auch für Moderatoren geeignet.

Hartmann, Martin/Röpnack, Rainer/Funk, Rüdiger: Kompetent und erfolgreich im Beruf – wichtige Schlüsselqualifikationen, die jeder braucht, 2005.
Grundlegendes Handwerkszeug für alle, die moderieren (aber auch leiten) wollen, beispielsweise: Kommunizieren im Unternehmen, selbstbewusst und souverän auftreten, zum Umgang mit Konflikten – von Killerphrasen bis zur Schlagfertigkeit. 37 Kapitel, kurz und kurzweilig und mit konkreten Umsetzungshilfen für die Praxis.

Geißler, Karlheinz A.: Lernprozesse steuern. Übergänge: Zwischen Willkommen und Abschied, 1999.
Der Moderator begleitet den Arbeitsprozess einer Gruppe, der Seminarleiter steuert ihn. Beide haben mit ähnlichen Problemen zu tun. Da gibt es beispielsweise den Umgang mit schwirigen Situationen und mit Widerständen, die Du-Sie-Problematik, die Möglichkeit der Metakommunikation oder die Gruppe und ihre Dynamik. Geißlers Tipps für den Seminarleiter eignen sich auch für den Moderator, der mehr über den Umgang mit Lerngruppen wissen möchte. Gleiches gilt auch für die Bücher des Autors über das Beginnen und Beenden von Veranstaltungen: »**Anfangssituationen. Was man tun und besser lassen sollte**«, 10. Auflage 2005, und »**Schlussituationen. Die Suche nach dem guten Ende**«, 4. Auflage 2005.

Lipp, Ulrich/Will, Hermann: Das große Workshop-Buch, 7. Auflage 2004.
Für alle geschrieben, die umfangreichere Workshops moderieren und mehr über Planung, Organisation, Vorbereitung, Durchführung und Nachbereitung wissen wollen.

Freimuth, Joachim/Straub, Fritz (Hrsg.): Demokratisierung von Organisationen, 1996.
Welche Überlegungen, Überzeugungen, Anregungen oder auch Zufälle standen eigentlich Pate, als das alles mit dem Moderieren begann? In diesem Buch berichten Zeitzeugen über die Entwicklungsbedingungen und Ursprünge, erste Anwendungen und Erfahrungen, Widerstände und Probleme der Moderationsmethode. Das anspruchsvolle Hintergrundbuch zum Thema.

Maleh, Carole: Open Space: Effektiv arbeiten mit großen Gruppen, [2]**2001.**
Meetings mit mehr als hundert Teilnehmern? Was bedeutet diese Methode, wie funktioniert sie, was ist bei der Durchführung zu beachten? Ein praxisnahes Handbuch für Anwender und Entscheider mit Erfahrungen aus dem deutschsprachigen Raum. Und wer mehr über die Anfänge von Open Space und die Entwicklung hin zu einem weltweit angewendeten Verfahren wissen möchte – die »Biographie« der Methode: **Owen, Harrison: Erweiterung des Möglichen – Die Entdeckung von Open Space, 2001.**

Wenn die nächste Sitzung auf Englisch moderiert werden soll:
- Goodale, Malcolm: The Language of Meetings, 2005.
- Browne, Michael O'Brien: Business English. Vortrag, Präsentation und Moderation, 2003.
- Landale, Anthony/Douglas, Mica: The Fast Facilitator – 76 facilitator activites and inventions covering essential skills, group processes, and creative techniques, 2002.

Zeitschriften, die sich immer wieder mit dem Thema Moderation, Workshops oder Konferenzen beschäftigen sind: Q-Magazin, acquisa, salesBUSINESS, AVviews, Wirtschaft und Weiterbildung, ManagerSeminare sowie HR-Services.

Weitere Literaturtipps, s. Seite 107f.

Verabschiedung von diesem Buch: Eine praktische Übung

Bevor Sie sich auf den letzten Seiten über das Zustandekommen dieses Buches informieren, möchten wir Ihnen – wie schon zu Beginn Ihrer Lektüre – eine Ein-Punkt-Abfrage anbieten.

Wir möchten Sie zur folgenden Überlegung anregen: »Wie geht es Ihnen nach dem Lesen dieses Buches mit dem Thema Moderation?« Dazu haben wir zwei Fragen formuliert: Die eine fragt nach Ihrer Lust, sich weiter mit dem Thema zu beschäftigen; die andere nach der Erfüllung der Erwartungen, die Sie hatten, als Sie mit der Bearbeitung dieses Buches begonnen haben.

Bitte machen Sie Ihr Kreuz.

Tipps für Ihre persönliche Auswertung

Befindet sich Ihr Kreuz eher in der Ecke rechts oben, könnten Sie über einen konkreten Maßnahmenkatalog nachdenken, über Praxisschritte, erste eigene Moderationen oder den Besuch eines Moderationsseminars zum Vervollständigen Ihrer methodischen Kompetenz.

»Rechts unten« könnte bedeuten, dass Sie jetzt zwar wichtige Anregungen für Ihre weitere Arbeit bekommen haben, das Thema aber im Augenblick für Sie keine Priorität besitzt. Wenn Sie sich irgendwann einmal wieder mit dem Thema beschäftigen, reichen Ihnen als Einstieg möglicherweise die Checklisten ab Seite 145ff., bevor Sie dann einzelne Textseiten durcharbeiten.

»Links oben« oder sogar »links unten« deutet darauf hin, dass Sie in diesem Buch nicht das gefunden haben, was Sie für Ihr persönliches weiteres Vorgehen benötigen. Ihr Maßnahmenplan läge beispielsweise in der Vergewisserung Ihrer persönlichen Fragestellung, in der Lektüre weiterführender Literatur oder im Besuch einer Praxisveranstaltung.

Wie auch immer – sollten Ihre Erwartungen an dieses Buch nicht erfüllt worden sein, würden wir uns über eine entsprechende Rückmeldung freuen. Auch wir arbeiten weiter an diesem Thema und sind an Verbesserungsmöglichkeiten interessiert. Natürlich freuen wir uns auch über Ihre positive Rückmeldung.

Über das Zustandekommen des Buches

1989 entwickelte Hans-Joachim Stabenau von Siemens zusammen mit Rüdiger Funk von *train* ein außerordentlich erfolgreiches zweiteiliges Intervall-Training, in dem Mitarbeiter von großen Unternehmen zu Moderatoren ausgebildet wurden. Diese intensive Beschäftigung mit dem Thema bildete den Startschuss, um in den Jahren danach die Moderationsmethode praxis- und zielgruppennah weiterzuentwickeln und sie maßgeschneidert in vielen großen und kleinen Unternehmen und Organisationen durchzuführen.

Mehr als 15 Jahre Erfahrung führten zu der Entwicklung vielfältiger Möglichkeiten, Moderation zu vermitteln:

- In **Moderationstrainings** bilden wir Moderatoren aus und helfen ihnen, mit dieser einzigartigen Methode in ihren Unternehmen und Organisationen Gruppenarbeitsprozesse erfolgreich zu gestalten. Ein solches Training kann über mehrere Tage gehen, kann aber auch in einer ein- bis zweitägigen Veranstaltung Spezialthemen – beispielsweise die Moderation für Unternehmensberater – abdecken.
- **Moderationsberatung/-coaching:** Der Coach nimmt – nach entsprechendem Briefing durch und mit allen Beteiligten – an einer moderierten Arbeitssitzung teil, gibt unmittelbar im Anschluss Rückmeldungen und erarbeitet zusammen mit den Teilnehmern Empfehlungen und Lernvorhaben für zukünftige optimierte Sitzungen.
- **Coaching von Führungskräften:** In intensiven Einzelberatungen können wichtige Arbeitstreffen, Konferenzen und Workshops vorbereitet, teilweise geübt und ausgewertet werden. Die Beratung kann sich aber auch auf persönliche Schwierigkeiten Einzelner bei der Moderation beziehen. Eine nur scheinbar aufwendige Maßnahme, wenn man bedenkt, dass es in vielen moderierten Sitzungen um Aufgabenstellungen geht, von denen enorm viel abhängt.
- **Moderation von Workshops:** *Train*-Berater moderieren selbst bei Kunden Arbeitssitzungen, Gruppentreffen, Problemlöseveranstaltungen oder auch Krisensitzungen.

- Und wenn es nicht die klassische Moderation ist, unterstützen wir bei der Durchführung von **Open-Space-Veranstaltungen** und natürlich auch bei der Ausbildung zielgerichtet arbeitender **Besprechungsleiter**.

In die Entstehung und vorliegende Überarbeitung dieses Buches sind viele Anregungen von Teilnehmerinnen und Teilnehmern der Gruppen geflossen, mit denen wir arbeiten. Ihnen gilt unser ganz besonderer Dank. Danken möchten wir auch unserer Lektorin Ingeborg Sachsenmeier für die Begleitung bei der Überarbeitung sowie Ulrike Rath, die die Zeichnungen für uns angefertigt hat.

Train
Gesellschaft für Personalentwicklung mbH

Venusbergweg 48
D-53115 Bonn
Tel.: +49 (0) 228 / 243900
Fax.: + 49 (0) 228 / 2439010
E-Mail: train.bonn@train.de
http\\www.train.de

Büro Süd:
Lerchenweg 2
D-83278 Traunstein
Tel.: +49 (0) 861 / 90 98 90 6
Fax: +49 (0) 861 / 90 98 907
E-Mail: train.sued@train.de

Die Autoren

Dr. Martin Hartmann; nach Hochschultätigkeit mehrere Jahre Projektleiter in der Medienforschung und -beratung; zwei Jahre als Journalist in London tätig; Schwerpunkte bei *train*: Moderations- und Interviewtechniken, Rhetorik; Qualifizierung von Consultants, Coaching.

Dr. Michael Rieger; Berater und Trainer bei der MR Organisations- und Personalentwicklung in Triftern; Schwerpunkte: Geschäftsprozessoptimierung, Mitarbeiterführung und Moderation von Workshops.

Rüdiger Funk; Mitbegründer von *train*; Studium der Pädagogik, zwei Jahre Geschäftsführer der Deutschen Versicherungsakademie; Geschäftsführer von *train,* Beratungsschwerpunkte: Personalentwicklung und PE-Konzepte, Moderation; als Moderator aktiv auf Tagungen und in Workshops bis hin zu Großveranstaltungen mit 200 Personen.

BELTZ WEITERBILDUNG

Martin Hartmann / Rüdiger Funk / Horst Nietmann
Präsentieren
Präsentationen: Zielgerichtet und
adressatenorientiert.
2003. 151 Seiten. Gebunden.
ISBN 3-407-36405-9

Präsentationen sind wirkungsvolle Möglichkeiten, andere zu informieren oder zu überzeugen. Das gilt auch in Zeiten von Internet, PC und Datenprojekten, wichtige Medien, die den Präsentierenden zusätzlich unterstützen können.

»Das Buch ist klar und übersichtlich aufgebaut und führt schrittweise durch die Phasen der Vorbereitung und Durchführung von Präsentationen. (...) Eine gelungene Lektüre, die die praktische Erfahrung der Autoren widerspiegelt.«
Der deutsche Berufsausbilder

Bernd Weidenmann
**100 Tipps & Tricks
für Pinnwand und Flipchart**
92 Seiten. Broschiert.
ISBN 3-407-36412-1

Pinnwand und Flipchart sind die beliebtesten »Werkzeuge« für Seminare, Workshops, Präsentationen und Besprechungen. Doch anschreiben und annadeln ist nicht alles, was Sie mit diesen genial einfachen Medien machen können.
Lassen Sie sich überraschen von originellen Ideen: Fadentrick, Knüllwolke, Pinnwandlampe und vieles mehr. Probieren Sie die lernpsychologischen Tipps, um die Aufmerksamkeit Ihrer Teilnehmer zu fesseln, das Lernen leichter zu machen und das Gelernte spielerisch zu sichern.

»Prädikat: für Anfänger wie Profis äußerst wertvoll.«
www.mind-and-more.de

Beltz Verlag · Postfach 100154 · 69441 Weinheim · www.beltz.de

BELTZ WEITERBILDUNG

Ulrich Lipp / Hermann Will
Das große Workshop-Buch
Konzeption, Inszenierung und Moderation von Klausuren, Besprechungen und Seminaren.
299 Seiten. 170 Abbildungen. Gebunden.
ISBN 3-407-36425-3

Jetzt mit Stichwortverzeichnis! Das Praxisbuch für alle, die Workshops, Klausuren, Tagungen, Besprechungen und Seminar leiten.

»Wenn jemals das gern zitierte Schlagwort ›Aus der Praxis für die Praxis‹ zutraf, dann bei diesem Buch (...). Auf knapp 300 Seiten haben die Autoren alles Wissenswerte zum Thema ›Workshop‹ zusammengetragen. Und es bleibt zu hoffen, dass Moderatoren, Trainer und Dozenten dieses Buch zu ihrer Pflichtlektüre machen.«
Dr. M. Madel, Seminarführer

Roger Schaller
Das große Rollenspiel-Buch
Grundtechniken, Anwendungsformen, Praxisbeispiele.
2006. 250 Seiten. Gebunden.
ISBN 3-407-36434-2

»Schaller ist begeisterter Rollenspieler. Dem entspricht die Fülle des Materials, das er vorlegt. Das ›große Rollenspielbuch‹ bietet ein breites Methodenrepertoire; es gibt viele Denkanstöße; es wird mit seiner Fülle von Praxisbeispielen zu einem Nachschlagewerk für PraktikerInnen.«
Dr. Marga Müller-Mehring, www. socialnet.de

»Ein leicht verständliches Arbeitsbuch mit vielen Anregungen zum Thema ›Rollenspiel‹, das zahlreiche, einfach nachzumachende Ideen bereit hält.«
Solveig Schneider, TRAINING aktuell

Beltz Verlag · Postfach 100154 · 69441 Weinheim · www.beltz.de

BELTZ WEITERBILDUNG

Björn Migge
**Handbuch
Coaching und Beratung**
Wirkungsvolle Modelle, kommentierte Falldarstellungen, zahlreiche Übungen.
633 Seiten. Gebunden.
ISBN 3-407-36431-8

»Das Führungsbuch des Jahres, ein Jahrzehntebuch.«
Helmut Benze, Börsenblatt

»Fazit: Für Leiter von Coach-Ausbildungen ist das Werk sehr gut geeignet, um das eigene Vorgehen zu reflektieren, neues Wissen und Inspiration zu erhalten. Ausbildungsteilnehmer erhalten ein intelligent aufgebautes Nachschlagewerk. Für praktizierende Coaches ist es eine wirkliche Bereicherung.«
Axel Janßen, www.dvct.de

Bernd Weidenmann
**Handbuch
Active Training**
Die besten Methoden für lebendige Seminare.
288 Seiten. Gebunden.
ISBN 3-407-36440-7

Schluss mit mühsamer Rosinenpickerei: Bernd Weidenmann hat für dieses Buch 850 Seminarmethoden gesichtet, die besten 80 aktivierenden Methoden herausgefiltert und für Sie in der Praxis getestet. Ihre Vorteile:

- Die Vorbereitungszeit je Methode beträgt maximal 15 Minuten.
- Jede Methode ist so ausführlich beschrieben, dass Sie sie sofort anwenden können.
- Angegeben sind jeweils Materialien, Situationen, Ablauf, besondere Tipps und Varianten.

Karl F. Meier-Gantenbein
Thomas Späth
**Handbuch
Bildung, Training und Beratung**
Zehn Konzepte der professionellen Erwachsenenbildung.
318 Seiten. Gebunden.
ISBN 3-407-36441-5

Veranstaltungen in der Erwachsenenbildung sind dann erfolgreich, wenn sie auf einem klaren Konzept beruhen. Das Buch stellt die wichtigsten Ansätze vor: Hirnforschung; Kommunikation; Transaktionsanalyse; Themenzentrierte Interaktion; Neurolinguistisches Programmieren; Gestaltansatz; Psychodrama; Handlungslernen; Konstruktivismus; Systemtheorie. Zahlreiche praktische Beispiele geben Anregungen für Training, Beratung und Organisationsentwicklung.

Beltz Verlag · Postfach 100154 · 69441 Weinheim · www.beltz.de

BELTZ WEITERBILDUNG

Martin Hartmann/Rainer Röpnack/Rüdiger Funk
Kompetent und erfolgreich im Beruf
Wichtige Schlüsselqualifikationen, die jeder braucht.
2005. 295 Seiten. Gebunden.
ISBN 3-407-36128-9

Wichtige Schlüsselqualifikationen für alle, die ihren Job wirklich ernst nehmen, kurz und bündig auf den Punkt gebracht.

»Die einzelnen Kapitel sind jeweils auf wenigen Seiten übersichtlich dargestellt, kreativ und kurzweilig präsentiert. Die Lektüre macht richtig Spaß, regt zum Weiterdenken an und macht Mut zum Ausprobieren und Anwenden.« *Versicherungswirtschaft*

Sabine F. Gutzeit
Die Stimme wirkungsvoll einsetzen
Das Stimm-Potenzial erfolgreich nutzen. Mit Audio-CD
128 Seiten. Broschiert.
ISBN 3-407-36108-4

»Kommunizieren, präsentieren, telefonieren – wer den richtigen Ton trifft, kommt gut an. Sabine Gutzeit hat als Logopädin Hintergründe und Funktionsweise praktisch umsetzbar aufbereitet und eine CD zum Üben und Nachsprechen hinzugegeben. Damit wird das wichtigste Werkzeug der modernen Führungskraft, die Stimme, zu einem gepflegten Pool, das wir noch gezielter einsetzen können.« *quip – Magazin der Wirtschaftsjunioren*

Theo Gehm
Kommunikation im Beruf
Hintergründe, Hilfen, Strategien
2006. 273 Seiten. Broschiert.
ISBN 3-407-22614-4

»Theo Gehm hat ein nützliches Buch geschrieben.« *Lutz von Rosenstiel, Psychologie heute*

»Er versteht es, psychologische Theorien einfach und spannend darzustellen. Der Leser erhält auf diese Weise viel Hintergrundwissen und eine Reihe praktischer Anleitungen.« *Personalwirtschaft*

»Eine gute Einführung für Führungskräfte, Lehrer, Trainer und interessierte Laien.« *Grundlagen der Weiterbildung*

Beltz Verlag · Postfach 100154 · 69441 Weinheim · www.beltz.de